수천만원을 아끼는
부동산 계약 비밀

수천만원을 아끼는
부동산 계약 비밀

제1판 1쇄 인쇄 | 2014년 1월 3일
제1판 1쇄 발행 | 2014년 1월 10일

지 은 이 | 남영수
펴 낸 이 | 박성우
펴 낸 곳 | 청출판
주　　소 | 경기도 파주시 문발동 594-10 1F
전　　화 | 070)7783-5685
팩　　스 | 031)945-7163
전자우편 | sixninenine@daum.net
등　　록 | 제406-2012-000043호

ⓒ 2014 남영수
이 책은 청출판이 저작권자와의 계약에 따라 발행한 것으로
본사의 허락 없이는 이 책의 일부 또는 전체를 이용하실 수 없습니다.

ISBN | 978-89-92119-42-9　13320

※파본이나 잘못된 책은 바꿔 드립니다.

수천만원을
아끼는
부동산 계약 비밀

남영수 지음

부동산은 과거처럼 사두기만 하면 알아서 수익을 가져다주던 광풍의 시대가 끝나가고 있다. 옥석을 불문하고 가격이 오르던 그 시절에는 대한민국 대부분의 사람들이 부동산을 소유하기 위해 모든 것을 바쳤다고 해도 과언이 아니다. 그리고 그 결과는 처참하게도 하우스 푸어라는 이름표를 선사했다.

사실 냉정하게 말한다면 하우스 푸어는 양적 증가의 문제이지 하우스 푸어 자체의 문제는 아니라고 본다. 과거 부동산 호황기에도 부동산과 관련한 여러 가지의 푸어는 존재했었다. 산이 높으면 계곡이 깊은 법인데 우리는 높게 솟아있는 봉우리만을 보고 오르려 했다. 수년간의 부동산 불황기를 지내다보니 이제 부동산을 바라보는 시각도 점차 변화가 감지되고 있다. 개인적인 직감이나 막무가내식 투자 결정이 아닌 다양한 조건과 상황이라는 변수를 찾아 하나하나 따져보며 투자하는 시대가 도래하고 있다는 점이다.

부동산이 안정기 혹은 불황기라는 긴 터널을 지나고 있는 이 시점에서, 안정기는 안정기대로 불황기는 불황기대로 비록 소수이기는 하나 투자의 성과를 올리는 사람들도 있다. 중요한 것은 이들이 부동산 사장들(공인중개사)의 현장 노하우, 업계에서만 아는 비밀, 함정 등을 역이용하여 부동산 계약 조건을 유리하게 이끌어냈다는 점이다. 결국 더 싸게 사서, 비싸게 파는 것이다. 사실 부동산 시장에 거품이 많았고, 큰 흐름 정도는 이제 누구나 다 알고 있다.(부동산 전문가라며 방송에 나오는 사람들도 누구나 알고 있는 사실만을 반복할 뿐 자신있게 미래를 알려주는 사람은 아무도 없다) 그렇기에 부동산의 작은 흐름인, 현장에서의 수천만원 혹은 수억원의 차이가 발생하는 계약의 비밀을 알고 투자 수익을 창출하는 데에 이 책의 집필 목적이 있다.

또한, 실투자자들이 항상 체감하는 것이 부동산 실제 금액 이외의 각종 수수료 등 부대 비용에 대하여 많은 부담을 느끼고 있으며, 그 부대 비용을 최소화할 수 있는 방안까지도 담고 있다. 책의 본문에도 나오지만 몇 억 원 이상을 호가하는 부동산 계약에서 어떻게 수천만원을 아낄 수 있었는지 그 비밀을 낱낱이 공개했다. 결국 부동산 계약에 있어서 현장 전문가인 부동산 사장과의 관계, 계약서에 숨은 함정들, 매도인과 매수인과의 협상 기술, 정확한 시세 감별 능력 등 당신에게 절대 알려주지 않는 부동산 업계의 뒷이야기를 진솔하게 담았다.

이 책은 필자가 최근 4~5년의 부동산 불황기를 현장에서 체험한 5년간의 업무 일지를 정리한 보고서라는 점에서 여러분에게 피와 살이 될 것이라고 믿는다. 불황에도 높은 수익을 올리는 사람들을 분명히 목격했고, 그러한 분들의 특징 중 하나는 시장의 큰 흐름은 좋지 않았지만 작은 흐름 즉, 현장에서만 알 수 있는 사실 등을 캐내어 투자 목적인 이익을 창출했다.

이렇듯 어떤 상황이 모든 것을 불리하게만 만드는 것이 아니라는 것이다. 앞서 말한 분들이 시장 전체의 불황기를 자신만의 호황기로 변화시킨 부동산 계약의 귀재들이며, 결국 매수 우위의 시장을 적극 이용했다고 볼 수 있다. 이런 노련한 투자자까지는 아니더라도 실투자자들에게 여러 면에서 큰 도움이 될 것이라고 본다. 그리고 곧 시작될 부동산 중개 시장의 전문화, 국제화, 대형화의 추세에 발 맞추기 위하여 영세하고 다소 투명하지 못한 부동산 거래 시장의 개선에 작은 도움이 될 수 있기를 바란다. 그리고 이 책을 읽으면서 색안경을 끼고 부동산 중개와 관련한 모든 관계자 분들을 보지 말았으면 한다. 대다수의 공인중개사 및 관련 실무자들은 고객의 성공을 위하여 최선을 다하고 있다는 점을 알려드리고 싶다. 끝으로 집필을 위해 아낌없이 지원해준 지인 분들께 감사드린다.

2014년 1월 남영수

차례

PART 1 부동산 가격의 숨은 비밀

- 계약서에 숨은 똠방 10
- 리베이트의 비밀 15
- 부동산 유통 가격 20
- 거리에 비례하는 거품 24
- 양타, 반타, 찍기 29

PART 2 돈버는 부동산 수수료

- 무서운 확인설명서 34
- 고무줄 복비 40
- 부동산 가격의 거품 47
- 은근슬쩍 0.9% 51
- 복비 아끼려다 복 날리다 58
- 당신만 몰랐던 등기 이전 수수료 61
- 은행 대출 알선 수수료 66
- 계약서가 휴지 조각된 사연 69
- 애매 모호한 부동산 특약 76
- 순간의 실수가 부른 엄청난 결과 81

PART 3 부동산 계약의 함정

- 계약서 하나 쓰는 구나 86
- 손님 태우기 90
- 에볼루션 기획부동산 95
- 벗겨봐야 아는 토지 101
- 대기업 정문과 함께 사라진 내 돈 104
- 돈되는 택지 감별법 108
- 주먹구구식으로 오른 땅값 112
- 장사가 잘 되었는데도 망했다 117
- 철새 부동산의 행태 123
- 억대의 보증금 사기 127
- 부동산 가격을 올리는 직원 130

PART 4   계약하기 전에 내 편으로

간판을 믿지 않는다 134
허위 매물의 진실 140
고객 탐색전 145
절박하면 가격도 내려간다 150
계약을 유도하는 심리 전술 153
가짜 부동산 사장님 156
돈되는 수익형 건물 감별법 162
계약하기 전에 내 편으로 166

PART 5   불황기 부동산, 현장이 돈이다

이런 자료 본적 있어? 170
내식대로 해석한 현장 178
길이 있는데 길이 없다 184
할아버지의 소망 191
언덕 위의 그림같은 집 195
꼭 집을 지어 보고 싶다면 200
돈도 벌고, 전원 생활도 만끽 204
전원 주택의 겨울 209

본 책에 서술된 부동산 업계 종사자들과 관련한 것들은 사실에 입각한 내용이지만 전체 부동산업 종사들의 이야기가 아닌 일부의 내용임을 알려드리는 바입니다. 또한 대다수의 부동산업 종사자들은 고객의 입장에서 성설히 업무에 임하고 있다는 것을 유념해 주시면 감사하겠습니다. 그리고 책에 나오는 수치나 자료는 변화가 있을 수 있으니 참고하시기 바랍니다.

1

부동산 계약의
숨은 비밀

01
계약서에 숨은 뜸방

'서두르다, 허풍거리다'의 의미를 가진 뜸방은 소설 '뜸방각하'에서 허풍이 많고 과장하며 허세를 부리는 사람으로 묘사되기도 했다. 이런 뜸방은 부동산 거래에서도 빠지지 않고 등장하는 인물(?)이기도 하다. 정확히 말해 부동산 업계에서 무등록 부동산 중개 프리랜서라고 말할 수 있다. 수도권의 도농복합 도시나 지방에서 많이 만날 수 있으며, 이들은 그 지역 토박이거나 이장, 새마을 지도자, 지역 건축업자 등 나름 해당 지역의 터줏대감이라 할 수 있다. 부동산 사장의 입장에서도 해당 지역의 모든 물건을 다 알 수 없기에 뜸방이 물어다주는 물건이나 정보가 유용하게 쓰일 때도 있다. 하지만 잘못하면 재주는 부동산이 부리고, 돈은 뜸방이 더 가져가는 경우도 많다.

지주가 $3.3m^2$(평)당 50만 원에 토지를 매도하고자 할 때 뜸방은 부동산에

3.3㎡(평)당 60만 원에 물건을 소개한다. 그리고 지주와의 직접적인 접촉을 막고 있기 때문에 의사 소통과 협의에 많은 시간이 소요된다. 지주가 의뢰한 가격보다 차이를 보인 토지 가격에서 10만 원은 뚬방과 부동산의 몫이다. 토지 면적이 3,305㎡(1,000평)이라고 한다면 지주에게 들어가는 토지 대금은 5억 원이고, 손님이 깎아서 55만 원에 매수했다 하더라도 5천만 원의 이익이 발생한다.

보통 이런 현상으로 인해 토지 가격에 거품이 끼게 된다. 물론 해당 토지가 향후 발전 가능성이 높고, 큰 수익을 낼 수 있는 물건이며 매수 경쟁이 치열한 경우에는 감수할 수 있는 부분이다. 여하튼 이런 내면의 사실을 안다면 매수인 입장에서는 당연히 좋지 않겠지만 부동산 거래에 있어서 시장 상황, 매수 경쟁에 따라 뚬방의 이익이 극대화될 가능성이 있다는 점을 인식하고 가격을 적절히 조정하는 것이 중요하다.

다음의 내용을 살펴보자.

지주가 도로변 1,983㎡(600평) 정도의 토지를 10억 원에 뚬방에게 내어놓았고, 뚬방은 A 부동산 사장에게 11억 원에 물건을 소개했다. 마침 A 부동산에 위의 토지를 찾는 매수인이 나타났다. A 부동산은 매수인에게 11억 원의 브리핑을 하고 싶었지만 매수인과의 상담을 통해 매수인이 이 지역에 대한 정보를 어느 정도 파악하고 있다는 사실을 알아채고, 약간 낮은 10억 5천만 원에 브리핑을 하였다. 뚬방이 말한 11억 원이 아닌 10억 5천만 원으로 A 부동산 사장이 브리핑한 이유는 지주를 직접 만날 수 없지만 그 물건이 11억 원까지는 무리라는 판단이 들었고, 뚬방이 1억 원 정도 가격을 높였을 것이라고 판단했기 때문이다. 그리고 며칠 후 A 부동산 사장은 매수인의 전화를 받았다.

"사장님 그 물건 마음에 드니 계약을 하고 싶은데 10억 원이나 그보다 조금 낮은 가격으로 협상을 부탁합니다."
"힘들겠지만 한번 해보겠습니다. 성사되지 않을 수도 있으니 너무 큰 기대는 하지 마세요. 연락 드리겠습니다."

A 부동산 사장은 바로 뜸방에게 전화를 걸었다.

"계약할 매수인이 있는데 10억 원에 하자고 한다."
"1억 원이나 깎으면 우리가 먹을게 없어진다."
"그럼, 10억 원에 계약이 되었을 때 수수료가 전혀 없느냐? 요즘 경기도 그렇고, 그 주위의 물건도 10억 원 정도에 계약이 되는 걸로 알고 있는데 지주를 설득해보면 좋겠다."
"(곤란한 듯 생각하며) 일단 이야기는 해보고, 전화를 주겠다."

뜸방은 전화를 끊고 10억 원에 계약이 되었을 경우 받을 수수료와 10억 원 이상으로 계약이 되었을 경우 받을 이익을 생각했다. '이 지주가 10억 원에 계약하면 법정 수수료인 0.9%의 9백만 원만 줄 것이고, 이걸 부동산과 나누자니 너무 적은 금액인데…'

뜸방이 고민하고 있을 때쯤, 매수인은 A 부동산 사장에게 알리지 않고 해당 토지를 다시 한번 답사하던 중 근처 밭에서 일하시는 분이 어떻게 오셨냐며 말을 걸어왔다.

"여기 땅을 한번 보러왔습니다."

"이 땅 주인이 같은 동네 사람인디 팔려고 하더만."

"이 정도면 대충 시세가 어느 정도나 됩니까?"

"글쎄, 한 백오~육십 정도 되것제."

"아~네. 여기도 많이 올랐네요."

"에이~ 계속 그랬어."

매수인은 돌아와서 A 부동산 사장이 제시한 최초 금액과 시세 금액에서 차이가 난다는 생각이 들었다. 어쩐지 상담 도중 A 부동산 사장에게 질문을 했을 때 즉답을 듣지 못했던 이유를 짐작할 수 있었다. 이 물건에 개입한 누군가가 있지 않을까 라는 의구심이 들었다. 그리고 A 부동산 사장에게 전화를 걸어 넌지시 물어보았다.

"사장님! 이 물건 혹시 직접 의뢰받은 물건 맞나요?"

"(당황하면서) 아~네. 왜 그러시는데요?"

"제가 얼마 전에 거기 갔다가 우연히 동네 주민을 만났는데 시세를 알려주더라구요."

"(고민하면서) 아~ 그러면, 9억 7천만 원에 될 것 같기도 한데 조금만 기다려 주세요."

"그럼 3천만 원만 더 깎아주세요. 그럼 바로 계약하겠습니다."

A 부동산 사장은 매수인과의 통화 후 뜸방의 조건에는 계약이 되지 않을 것이라는 직감이 들었다. 뜸방에게 전화를 걸어 매수인과의 통화 내용을 알

려주었고, 부동산 경기가 좋지 않으니 법정 수수료만으로 만족하자며 뚬방에게 욕심을 접고 계약하자고 설득했다. 부동산 사장은 9억 4천만 원을 최종 가격으로 제시하면서 지주에게 통보를 하고 결과를 알려달라고 말했다.

결국, 이 계약은 9억 4천만 원에 성사되었다. 덤으로 지불 조건에서도 매수인의 의견이 상당히 반영될 수 있었다. 매수인은 계약을 결심하고 최종적으로 A 부동산 사장에게 맡겼더라도 계약서에 도장을 찍기 전까지 다시 한번 물건지에 대한 검토와 검증을 게을리하지 않은 결과, 뚬방의 존재를 눈치채고 가격의 왜곡이 있을 수 있겠다는 판단하에 유리한 고지를 점령할 수 있었다. 하지만 이런 상황이 매도 위주의 부동산 상승기나 여러 명의 매수자가 나타났다면 결과는 또 달랐을 것이다.

02
리베이트의 비밀

최근에 아파트의 하락장과 맞물려 수익형 부동산을 찾는 사람이 많아졌다. 수익형 부동산에는 주로 상가, 다가구 주택, 공장이나 창고 등이 있으며, 이미 지어진 건물 이외에 택지나 토지를 구입하여 공방이나 카페, 자가 영업 사무실 등 수익형 부동산을 직접 건축하려는 사람들도 늘어나고 있다.

"사장님, 택지를 구해서 제가 직접 건축하려고 합니다."
"전부 임대인가요? 아님 거주도 하시려는 건가요?"
"3층은 제가 거주를 하면서 2층 임대, 1층은 핸드메이드 공방과 카페를 직접 하려구요."
"아~ 마침 여기 코너에 택지가 하나 나왔는데, 가격도 괜찮고 딱이네요!"

"택지 보시고 마음에 드시면, 이 동네에서 제일 잘한다고 소문난 건축업자도 소개시켜 드릴게요."

이렇게 부동산 사장의 소개로 마음에 드는 택지를 계약하게 되면 건축을 잘 아는 분이라면 모를까 대부분은 부동산 사장이 소개시켜준 건축업자로 결정하는 경우가 많다. 보통 상가 주택을 지을 수 있는 택지의 면적은 198~247m^2(60~75평)의 바닥 132m^2(40평), 건평 330~363m^2(100~110평) 규모의 건물을 짓게 된다. 사실 건축의 경험이 있는 분들은 지인이 소개한 업체는 그다지 달가워하지 않는다. 왜냐하면 하자 발생시 지인의 입장도 있기에 제대로 항의도 하지 못하고 속만 태우는 경우가 생각보다 많기 때문이다. 그렇다고 생판 모르는 곳에다 맡기자니 왠지 불안한 마음 때문인지 비교적 많은 분들이 부동산에서 소개하는 그 지역에서 나름 집을 많이 지은 건축업체에게 시공을 맡긴다. 물론 여러 곳에서 견적을 받지만 지인이 소개한 업체와 부동산이 소개한 업체와의 비교 견적에 있어서 그리 큰 차이를 보이지 않는다. 이것은 건축 규모라든지 설계에 특별한 사정이 없는 한 보편적인 시공의 견적으로 이루어지기 때문이다. 그렇기에 부동산 사장이 적극 추천하는 곳에 끌릴 수밖에 없다. 그래서 지인은 아니지만 어차피 택지 계약까지 체결한 동반자 또는 아군이라는 착각을 하게 된다. 그리고 하자보수에 있어 문제가 생기면 '부동산 사장이 내 편이 되어 도움이 되겠지' 라는 생각과 함께 말이다. 100% 틀린 말은 아니지만 아래의 내용을 보면 왜 부동산이 적극 추천했는지 그 이유를 알 수 있다.

위의 상가 주택의 경우 대략 건축비는 3억~3억 5천만 원 사이로 나온다. 검토 끝에 부동산 사장이 적극 추천한 건축업자와 계약을 했다면, 부동산 사장은 그날 소고기 얻어 먹는 날이 된다. 몇 억 원짜리 공사를 소개했기에 소고기는 기본이고, 부동산 사장은 건축업자로부터 총 공사 대금의 3~5% 정도인 약 1~2천만 원 사이의 소개비를 받는다. 제법 큰 금액이다.

이렇게 해서 공사가 잘 마무리가 되면 다행이지만 여러 사정으로 건축이 지연될 경우 부동산 사장에게 도움을 요청해도 소개비를 받은 것이 있으니 우물쭈물 핑계만 댈 것이고, 건축업자야 산전수전 다 겪은 베테랑이니 이래저래 핑계를 대면서 웬만하면 손해를 보지 않는다. 결국 건축 과정에서 소개비 정도는 충분히 다른 식으로 커버하게 된다.

"어제가 시멘트 타설하는 날인데 왜 레미콘이 오질 않나요?"
"아~ 있다가 오후에 올 겁니다. 걱정하지 마세요."
"레미콘 회사에서 큰 현장으로 물량을 대다 보니 소규모 현장은 밀릴 때가 있습니다."
"오늘도 오전이 아니라 오후 늦게 하면 또 일정이 늘어지잖아요."
"다른 공기를 당겨서 최종 준공일을 맞추어 드리겠습니다."

위와 같은 예처럼 건축업자의 설명이 사실일 수도 있지만 비용 절감을 위해 다른 현장에서 쓰다 남은 저렴한 레미콘을 구하고 있느라 그럴 수도 있다. 이처럼 건축업자는 수많은 핑계와 방법으로 공기를 늦추면서 비용 절감을 하고 있다는 가정이 반드시 필요하다.

결론을 말하자면 부동산 사장의 추천으로 최초 택지 구입에서부터 건축까지 원스톱으로 하면 일이 완벽하게 될 것이라는 환상을 버려야 한다. 그리고 부동산 사장과 건축업자와의 커미션이 있을 수 있으므로 최초 택지 구입부터 다음과 같은 방식(커미션을 드러내 놓고 말하지 않는다)으로 풀어나가는 것이 좋다. 이것은 부동산 사장에게도 크게 손해나는 일이 아니다.

"다른 부동산의 물건도 보았지만 사장님이 추천한 코너 택지가 가장 좋았어요."
"아~그렇습니까?"
"설명드린 대로 손님에게 가장 적합한 위치이고, 전에 말했듯이 싸고 좋게 짓는 건축업자도 소개시켜 드리겠습니다."
"감사합니다. 그런데 사장님?"
"네. 말씀하세요."
"건물 완공까지의 총 예산이 제 예상보다 좀 많이 나왔어요. 건축 비교 견적도 큰 차이가 없었어요. 그래서 택지 가격이나 건축비에서 1천 5백만 원 정도 깎아주셨으면 해요. 그러면 바로 택지 구입하고 소개한 건축업자와 계약까지 한번에 진행할게요."

부동산 사장은 계약 진행에 관해 모든 것이 정리되었고, 택지 매도인을 설득하거나 건축업자와 담판을 지어 본인의 건축 커미션을 대폭 양보할 수도 있다. 왜냐하면 부동산 사장 입장에서 욕심을 부리다가 확실한 손님을 놓칠 수도 있고, 차일피일 시간이 흐르면 건축업자도 결국 다른 쪽으로 선정될 수 있기 때문이다.

건축 비교 견적을 위해 사전에 공부를 하거나 자문료를 들여서라도 제3의 공신력있는 전문회사 등으로부터 견적에 대한 자문을 받아야 한다. 그렇게 해야만 공사 비용의 거품 유무와 시공 품질을 파악할 수 있기 때문이다. 한편으로는 내가 지으려는 건물과 유사한 건물이 있는지 직접 발품을 팔아 다녀보는 것이 좋고, 유사한 건물이 있다면 건물주에게 직접 물어보는 것도 상당한 도움이 된다.

03
부동산 유통 가격

여러분들이 찾아간 부동산을 방문하여 마음에 드는 물건을 소개받아 계약을 체결하면 매도인, 매수인, 중개업자 이렇게 셋이서 오붓하게 진행을 한다. 아니면 공동 전산망을 통해 물건지 부동산에서 소개를 받을 경우 매도인, 매수인, 2명의 중개업자까지 넷이서 모여 계약을 진행한다. 하지만 당신이 모르는 숨어있는 중개업자가 2~4명이나 될 수 있고, 그 이상 될 수 있다. 또한 이 2~4명 안에는 중개업자가 아닌 앞서 설명한 속칭 '뜸방'이라고 불리우는 무자격 불법 부동산 중개인이 있을 수 있다.

2차선 도로에 접한 꽤 쓸만한 3,305m^2(1,000평) 정도의 토지가 20억 원에 매물로 나왔다. 지주가 부동산에 정식으로 의뢰한 물건은 아니고, 평소 잘 알고 있는 지역 부동산 사장들과 교류가 많은 토목업자에게 넌지시 알아보라고 했다. 토목업자는 자신이 알고 있던 부동산 몇 군데(A, B, C 부동산)로 물건을 의뢰했고, 동시에 일명 똠방으로 활동하고 있는 친구 김씨에게도 매수처를 물색해보라고 말했다. 똠방 김씨는 다시 자신과 친한 부동산 몇 군데(D, E, F 부동산)로 물건을 뿌렸다. 며칠 후 E 부동산에서 연락이 왔다. E 부동산의 얘기는 자신의 부동산에서 직접 데리고 온 손님은 아니고, 잘 알고 있는 건축업자의 손님 중에 위와 같은 조건의 토지에 공장을 건축하겠다는 사람이었다.

E 부동산은 조건만 맞으면 매매 진행이 가능한지 물었고, 이에 김씨는 흔쾌히 가능하다고 대답을 했다. 그래서 E 부동산은 건축업자와 해당 손님을 모시고 김씨의 안내에 따라 현장 답사를 한 후 적당한 가격과 좋은 위치라는 생각에 20억 원에 계약을 체결할 결심을 하였다. 그리고 손님은 지인인 건축업자에게 단순히 사놓고 둘 것이 아니라 소유권 이전 후에 바로 건축을 위한 개발 행위를 실행하고 이전을 해야 하므로 개발 행위 허가, 전용비 정리, 군 동의 여부 등을 꼼꼼히 E 부동산과 상의해서 알려달라고 당부했다. 또 이러한 사전 검토가 끝나면 바로 계약금을 지불하고, 잔금도 최대한 빨리 지급하겠다는 약속까지 했다. 건축업자는 곧바로 이러한 사실을 E 부동산에 통보했고, E 부동산 사장은 똠방 김씨에게 이 사실을 모두 전하고 허가와 관련된 정보를 요청했다. 얼마 후 똠방 김씨는 E 부동산에게 개발 허가와 관련하여 알아본 결과 전혀 문제가 없다는 측량사무소의 답변을 들었으니 걱정할 필요가 없다고 전했다. 여기서 똠방 김씨는 지자체의 담당 부서나 측량사무소로 부터 직접 들은 것은 아니었고, 물건을 소개해준 토목업자에게서 들은 얘기였다.

정리를 하면, '지주 – 토목업자 – 똠방 김씨 – E 부동산 – 건축업자 –매수인' 이렇게 라인이 정리가 된다. 좀 더 정확히 자르면 똠방 김씨까지는 매도인쪽, E 부동산부터는 매수인 쪽이다. 매수 의사가 확실한 손님의 결정이 있었으니 이제 수수료의 배분 문제가 중요한 이슈로 떠오르게 된다. 일반적인 경우 지주에게 나오는 수수료 중 40~50%를 매수인 쪽으로 넘기고 남은 수수료를 가지고 매도인 쪽이 배분한다. 매수인이 지불하는 수수료는 매수인 쪽 부동산의 고유한 몫이 된다. 그래서 매매의 경우 손님을 쥔 부동산이 왕이라는 말이 나오는 것이다.

이중 누군가가 욕심을 부리거나 금액에 불만을 가지면 일의 진행은 점점 지체된다. 토목업자의 중요한 임무는 지주에게 넉넉한 수수료를 받아내는 것이 된다. 간혹 토목업자는 이익의 일부를 대신에 해당 토지의 토목공사를 맡는 조건으로 일을 추진한다. 이러한 이익 배분 작업과 동시에 허가 관련 서류들이 4명을 거쳐 매수인에게 넘어가고, 가뜩이나 느린 진행과 공장이전 일정으로 심리적 압박을 받고 있는 매수인에게 '지주가 며칠 해외 출장을 갔느니 아니면 상을 당했다'는 등의 어쩔 수 없는 핑계를 대고 자기들(4명)끼리의 시간을 확보한 후 이익 배분 등의 결정을 끝내고, 드디어 지주와 매수인은 E 부동산에서 만나게 된다. 계약 진행시에는 중간의 교통(4명)들은 잠시 자리를 비우고 E 부동산 사장, 매수인, 지주 세 사람만이 계약을 진행하게 된다.

이렇게 중간 유통 절차가 복잡한 경우 이쯤에서 일이 벌어지는 경우가 다반사다. 지주가 말한 20억 원은 농지 전용비를 매수인이 부담하고, 자신의 손에 20억 원을 쥐어 달라는 얘기였고, 매수인이 알고 있던 매매가 20억 원은 농지 전용비를 포함한 가격이었던 것이다. 농지 전용비는 공시지가의 30%이며, 최대 한도는 3.3m^2(평)당 165,000원 정도이다. 즉 1억 6천 5백만 원이라는 가격 차이가 발생한다. 이럴 경우 이전 계획이 잡혀있는 매수인은 촉박한 시간 때문에 차이가 나는 금액을 지불하여 매수하거나 계약을 포기해야 하는데, 잃어버린 시간과 코앞으로 다가온 공장이전 때문에 이러지도 저러지도 못하는 엄청난 상황이 벌어지게 된 것이다. 또한 매수인의 급한 사정을 알게 된 지주 역시 중간의 일을 제대로 처리하지 못한 원망으로 차이 금액인 1억 6천 5백만 원을 양보한다는 것은 가당치도 않다. 이런 상황에서 매도인이 차이 금액을 깎아줄 사람은 극히 드물다고 봐야 한다.

이처럼 부동산 계약 거래에 있어 많은 사람들(교통)이 낄 경우 계약 체결 시까지 많은 수고와 시간이 걸린다. 왜냐하면 각각 연결된 부동산 사장들과의 교통(유통)이 진실되게 오픈되지 않기 때문에 매수인이나 매도인에게 손해를 끼치게 된다. 물론 교통이 원만하여 순조롭게 진행되는 경우도 있다. 하지만 이 책을 통해 교통에 의한 경제적·정신적 피해를 입지 않았으면 하는 바람이다.

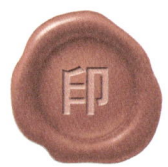

04
거리에 비례하는 거품

지주인 김씨는 생산관리 지역 밭 $3,305m^2$(1,000평)을 평소 알고 지내던 A 부동산에 $3.3m^2$(평)당 70만 원을 입금가로 하여 팔아달라고 내놓았다. 이에 A 부동산 사장은 호언장담을 했고, 나중에 수수료나 잘 챙겨달라고 말했다. 부동산 불황에 생각보다 많은 시간이 흘러 A 부동산 사장은 직접 손님을 맞추기가 쉽지 않다는 것을 깨닫고, 잘 알고 지내던 B 부동산 사장에게 $3.3m^2$(평)당 72만 원에 물건을 소개했다. B 부동산 사장도 손님을 맞추기가 쉽지 않자 약간 떨어진 지역이지만 토지 손님을 잘 맞추는 C 부동산 사장에게 $3.3m^2$(평)당 75만 원에 부탁을 하였다. C 부동산 사장은 거리가 좀 떨어져 있고 해서 밥상에 숟가락 하나 올린다는 심정으로 주변 서너 곳에 다시 $3.3m^2$(평)당 77만 원에 던졌다. 그러면서 다음과 같이 말했다.

"입금가는 77만 원인데 여기서 어느 정도 작업 비용은 뺄 수 있으니 손님 좀 잘 붙여봐."

이런 말을 한 이유는 어차피 자기도 $3.3m^2$(평)당 2만 원을 올렸고, 앞에서도 분명 올렸을 것이라고 짐작했기 때문이다. 여기까지가 부동산 사장들 간의 속칭 물건 '던지기'다. $3.3m^2$(평)당 70만 원이 77만 원으로 둔갑하였고, 여기서 최종 손님에게 깎아질 것을 예상하거나 수수료 인정을 많이 받기 위해 80만 원까지 브리핑이 이루어지기도 한다. 이렇듯 가격 책정의 조율 없이 각자의 입장에서 금액이 더해진 것이다.

드디어 C 부동산 사장이 던진 주변 서너 곳 중 D 부동산 쪽의 나매수 씨가 매수 의사를 밝혀왔다.

"D 사장님 혼자 현장 답사를 다시 다녀왔는데 80만 원은 조금 세게 나온 것 같아요."
"그래요? 저는 그 금액에 소개를 받아서 말씀드린 겁니다."
"소개를 받았다면 지주한테 직접 받으셨나요? 아니면 공동 중개인가 뭔가 있잖아요? 다른 부동산에서 받아서 계약하는…."
"잘 아시네요. 다른 부동산에서 받았습니다."
"우선 저는 D 사장님을 믿고 이 토지를 계약하겠습니다."
"감사합니다."
"혹시 부동산이 여럿 끼어 있는 상황일 수도 있으니 확실하게 금액을 알려주세요. 그렇지 않다면 계약은 생각 좀 해볼게요."

"네 알겠습니다. 연락드리겠습니다."

D 부동산 사장은 손님이 확실한 매수 의사를 밝혔는데, 이런 상황 때문에 '생각 좀 해볼게요.' 라고 하면 계약은 물 건너가는 것이라고 생각했다.

"(D 부동산 사장이 C 부동산 사장에게 전화를 걸어)형님! 이거, 형님이 가지고 있는 직접 물건 아니지?"
"응, 나도 앞에서 받았어!"
"그 앞이라는 곳이 원출(원래 출발지)이야?"
"글쎄. 아닌 것 같은데… 냄새가 좀 나지?"
"나도 이상했어. 만약에 손님이 지주에게 직접 치고 들어가면 우리는 힐 말이 없잖아."
"그럼 니가 직접 들어가봐. 성사되면 챙겨줄거지?"
"알았어! 그런데 등기부 주소에 나온 곳이 지주가 사는 곳 맞어?"
"아마 그럴거야. 밭 옆에 빨간 벽돌집 일거야."
"알았어, 연락할게."

D 부동산 사장은 나매수의 확실한 의사를 믿고, 빨간 벽돌집에 거주하는 지주를 만나러 갔다.

"안녕하세요! 어르신."
"누구시죠?"
"어디 어디에 있는 D 부동산에서 왔습니다."

"(놀란 표정으로) 그 먼곳에서 왜 날 찾아와?"

"밭 내놓으셨다면서요?"

"그게 거기까지 알려졌어?"

"네에…."

"내놓았기는 한데 바로 저기 A 부동산에만 내놓았지."

"나는 당신을 잘 모르니 거기하고 얘기해봐."

"그럼요! 그래야죠."

D 부동산 사장은 A 부동산 사장을 찾아가서 자초지종을 설명하고, 최초 정확한 입금가를 알게 되었다. 그리고 나매수는 지주가 원한 입금가 70만 원 보다 싼 68만 원에 계약을 하였고, D 부동산 사장은 나매수에게 넉넉한 수수료와 능력있다는 칭찬까지 받았다. 나매수가 잘한 것은 우선 D 부동산 사장에게 확실한 의사와 믿음을 주었다는 점이다. 그리고 D 부동산 사장도 나매수의 확실한 매수 의사를 믿고, 이 토지 물건에 거품이 있을 수 있겠다 라는 의구심에서 지주 작업을 하게 되었다. 이런 경우, 지주 입장에서 물건 홍보가 널리되는 이점이 있기도 하지만 매도에 있어서 부동산 사장들의 던지기가 거듭되면서 물건에 가격 거품을 만들어낸다.

위의 내용은 현장에서 비일비재하게 일어나며, 만약 D 부동산이 지주와 직접 계약을 해서 속칭 양타를 쳤다면 현장 용어로는 쓰리쿠션을 쳤다고 한다. 하지만 D 부동산 사장과 지주는 양심적으로 일처리를 했고, A 부동산 사장 역시 그것을 인정하면서 최초 70만 원보다 저렴하게 계약이 될 수 있도록 노력했다.

과거의 지주 작업은 개발예정지 주변 지주들에게 낮은 시세를 강조한 후 낮은 입금가 대비 매수인에게 높은 가격으로 팔았다. 그러나 현재 개발지역 주변 지주들의 시세 산정 수준이 웬만한 부동산 사장들의 머리 위에 있다.

05
양타, 반타, 찍기

양타라는 은어는 직접 찾아온 손님이 필요로 하는 물건을 해당 부동산이 직접 의뢰받은 물건 중에서 계약을 성사시켜 양쪽(매도인과 매수인, 임대인과 임차인)에서 수수료를 받는 것을 말한다. 이때 매수인이나 임차인은 공동 중개가 아님을 눈치채고, 수수료에 대한 인하 요구를 다음과 같이 말할 수 있다.

"사장님, 이거 양쪽에서 수수료를 모두 받으니 제가 내야 할 수수료는 좀 깎아주세요."

라고 말하면서 충분히 협상할 수 있는 부분이다. 부동산 사장이 이에 응하여 수수료를 조정해주는 이유는 양타 물건은 먼거리를 이동하거나 계약을 위해 여러 부동산에 걸쳐 있는 여러 물건을 보지 않고 계약 체결이 빠르게 진행되는 경우가 많기 때문이다.

중요한 것은 이런 말을 꺼낼 때는 매도인이나 임대인이 있을 경우에는 하지 않는 것이 좋다. 왜냐하면 양쪽 모두 동일한 조건으로 수수료를 깎아주어야 하므로 부동산 사장이 쉽게 응하지 않을 수가 있다. 설사 오케이 하더라도 형평성으로 인해 조금밖에 깎아주지 않을 확률이 높다.

반타라는 은어는 해당 부동산이 보유한 물건이 아닌 공동 전산망을 통해 다른 부동산의 물건을 통하여 계약을 성사시켜 한쪽에서만 수수료를 받는 것을 말한다. 요즘 부동산 거래에 있어서 반타가 대부분이다. 왜냐하면 부동산들의 경쟁이 치열하고, 직접 가지고 있는 물건의 수는 한정되어 있어서 빠른 계약 성사로 손님을 놓치지 않기 위해서다. 그리고 공동 전산망을 통해 직접 현장을 보지 않더라도 개략적인 정보를 상대 부동산을 통해 확인할 수 있는 편의성 때문에 반타가 많다.

찍기라는 은어는 말 그대로 좋은 물건이 나왔을 때 부동산이 직접 계약을 하는 것을 말한다. 부동산 업계도 예전같지 않아 빈부 격차가 나날이 심해지고 있으며, 순수한 중개 업무를 뛰어 넘어 직접 계약하는 행위를 통해 수수료와 물건을 확보하기도 한다. 예를 들어 전세 물건이 부족한 아파트 단지에 보증금 2억 원의 전세 물건이 나오면 부동산이 직접 주인에게 계약금 2천만 원을 송금하고 잔금일을 넉넉히 잡는다. 그리고 임차인을 맞추어 양타를 성사시켜 120만 원의 법정 수수료를 챙길 수 있다. 2천만 원 투자로는 꽤 높은 수익이다. 설사 양타를 하지 못하더도 공동 전산망에 올려 다른 부동산과 함께 손님을 재빠르게 맞추기 때문에 크게 손해 볼 일도 없다. 이런 경우 수수료도 챙기고, 임대인에게는 유능한 부동산으로 인정받아 지속적인 관계로 발전하면서 치열한 부동산 경쟁 상황에서 우위를 점한다. 또한 택지지구 내의 원룸 밀집 지역에서도 이런 찍기가 많이 일어난다. 예를 들면 건물주가 A, B, C 부동산에 물건 임대를 의뢰한다. 그러면 A, B, C 부동산 사장들은 손님을 맞추기 위해 노력을 하게 되는데 (해당 지역의 원룸을 찾는 손님들이 많은 시기) A 부동산 사장이 건물주에게 통상적인 계약금보다 아주 적은 금액을 송금한 후 계약서 작성은 손님의 사정을 핑계로 여유를 두고 작성하기로 말한다. 그래서 B, C 부동산 사장이 다른 손님을 모시고 해당 건물주에게 계약을 하려고 전화를 하면, 분명 조금 전까지 미계약 상태였던 물건이 순식간에 계약된 상태로 바뀌게 된다. 원룸의 경우는 덩치가 작고, 주로 대학생이나 직장인이 필요에 의해서 얻으므로 계약의 진행이 빠르게 이루어진다. 그렇기 때문에 A 부동산 사장은 손님이 어느 정도 있다는 판단하에 상도의를 어기고 약간의 자금으로 경쟁에서 우위를 점하며 양타를 치기 위해 찍기를 감행한다.

  부동산 개발의 경우 찍기가 때론 토지주와 부동산과의 이해 관계가 맞아 떨어져 윈윈하는 경우도 있다. 왜냐하면 토지주는 부족한 자금을 충당할 수 있고, 부동산은 좋은 물건에 대한 독점적 지위를 얻어 향후 원금 회수와 수수료를 통한 이익폭을 높일 수가 있기에 서로에게 이득이 되는 결과를 만들기도 한다. 그러나 현지 부동산이 투자한 자금에 대한 수익률은 결국 매수인의 매수 금액에 녹아있는 경우가 있기에 반드시 고려할 필요가 있다.

2

돈버는 부동산 수수료

01
무서운 확인설명서

"(지인 부동산 사장이 들어오면서) 사장님 잔금은 잘 끝났어요?"

"에이~정말, 잔금은 커녕 계약해제에 궂은 일만 다 해주고, 수수료도 못 받을 판이야!"

"어, 왜요?"

"너무 시달려서…복잡하니깐 간단하게 요약할게"

사건 등장인 : 나매수, 김매도, 박중개

1. 나매수가 박중개를 통하여 김매도의 한국 아파트를 2억 2천만 원에 계약을 체결했다.

2. 계약금은 2천만 원 지급, 잔금은 30일 후 완료하기로 했다.

3. 김매도는 사실 팔까 말까를 고민하다 나매수의 등장으로 매도를 결심했다.

4. 계약 후 열흘이 지나서 나매수의 개인적인 사정으로 계약해제 결정을 요구했다.

5. 박중개는 김매도에게 욕을 먹은 후 위약금은 1천만 원으로 결정하고, 나머지는 돌려주기로 했다. (이 과정에서 박중개는 위약 금액을 조율하는 데에 상당히 애를 먹었음)

6. 나매수, 김매도는 박중개의 부동산 사무실에서 만나 각자 계약서를 폐기하고 해제확인서를 작성했다.

7. 박중개는 이런 경우도 양쪽 중개 수수료는 정상적으로 지급되어야 한다고 말했다.

8. 김매도는 심각하게 고민했고, 나매수는 묘한 표정으로 박중개에게 다음과 같이 말했다.

　"구청이랑 다른 부동산에서 알아보니 사장님이 작성한 확인설명서에는 틀리거나 빼먹은 곳이 있었고, 이런 경우에 해당 부동산이 업무정지를 당할 수도 있다고 하던데 어떻게 수수료를 말할 수 있나요?"

9. 박중개는 본인이 가지고 있던 확인설명서를 살펴보고 나매수의 주장이 틀렸다고는 할 수 없으나 계약의 큰 영향(벽지 상태, 권리 제한, 혐오시설 유무 등)을 끼칠만한 것이 아니라고 말했다.

10. 박중개는 아파트 주변에 혐오시설이 전혀 없었고, 이사시 새롭게 도배 장판을 한다고 해서 공백으로 남겨두었다고 해명했다.

11. 결론은 김매도에게는 정상 수수료의 절반만 받았고, 나매수는 계속 확인설명서 미기재 사항을 거론하면서 수수료를 한 푼도 주지 않고 있다.
12. 박중개는 확인설명서 미기재로 인한 행정처벌의 위험을 감수하며 수수료를 청구하거나 재수없는 놈 만났다며 그냥 넘어가는 것을 고민하고 있다.

위의 사건에서 알 수 있듯이 나매수는 개인 사정으로 인해 계약해제가 되었음에도 불구하고 박중개의 실수를 트집 잡아 수수료를 한 푼도 내지 않으려고 나름 준비를 한 것이다. 박중개 입장에서 상낭히 억울하겠지만 확인설명서의 중요성을 알면서도 안일하게 작성한 것이 화근이었다.

부동산 계약서를 작성할 때 계약서 외에 중개 대상물 확인설명서를 확인하고 서명 날인을 한다. 이 확인설명서에는 중개 대상물의 현재 상태와 주변 환경 소유권과 소유권 외의 권리 관계 등 많은 정보를 요약하여 보여주는 계약시 필수서류라고 할 수 있다. 그렇기에 중개 대상 확인설명서의 작성에 있어서 미기재나 잘못된 내용을 기입할 경우 공인중개사에게 엄중한 책임을 묻고 있다. 부동산 분쟁 사례의 60% 이상이 확인설명서의 오류에서 발생한다. 부동산 사장들끼리 하는 말인데 해당 공인중개사의 능력을 가늠하는 척도가 확인설명서라고 말할 정도로 중요하게 인식한다.

반대로 계약을 체결하는 여러분의 입장에서도 확인설명서에 나온 내용대로 서명 날인을 한 것이기에 비록 그 설명이 다소 부실했다 하더라도 분쟁이 발생할 경우 제대로 확인하지 않은 여러분에게도 책임이 있고, 손해배상에 있어서도 확인설명서에 쓰인 내용을 토대로 결정된다. 다소 시간이 걸리더라도 현장 답사시 꼼꼼하게 체크하고 확인설명서를 부동산 사장과 함께 작성하는 것이 바람직하다. 이처럼 확인설명서는 눈에 보이는 것뿐만 아니라 숨겨진(공시되지 않은 권리 관계) 부동산 사항까지도 서면으로 나타낸 것이므로 그에 대한 사항을 부동산 사장으로부터 명확하게 설명을 듣고 서명 날인을 해야 한다.

특히, 공시되지 않은 권리 관계에서 오류가 발생할 경우 치명적인 손실을 입을 수도 있다. 예를 들어 분명 203호를 임차했는데 해당 부분이 건축물 대장상의 202호 일부를 불법으로 개조한 부분이라 경매시 배당을 못 받는 사고가 생길 수 있다. 그리고 건물 다른 부분의 임대차 현황에 관한 자료 부족의 경우(특히 매매시)나 조작으로 인해 배당을 못 받거나 후순위로 밀릴 수 있다. 미리 입을 맞춘 가짜 임차인 현황이나 건물의 일부분으로 보이지만 실제는 임차인이나 제3자가 설치하여 향후 건물주에게 유익비 청구나 소유권, 유치권을 주장할 수 있는 암초가 있을 수 있다. 그렇기 때문에 관련 사항에 대해 의문이 생기거나 궁금한 것은 구체적으로 질문을 하고 답변을 받아내야 한다. 또한 내부와 외부의 시설물 상태(내외부 벽면, 바닥, 난방 방식, 수도의 용수량 등 각종 시설의 작동 상태나 교체, 수리 여부)도 잔금 전에 한 번 더 체크를 해야 한다. 부동산의 입장에서 다소 번거롭고 귀찮지만 이것보다 더 힘든 분쟁을 사전에 예방하는 것이기에 적극 주장해도 무방하다.

다음은 공시되지 않은 권리 관계에 있어서 시세 정보를 부정확하게 설명한 경우의 판결이다.

[판시사항]

① 임대차 계약의 중개를 의뢰받은 부동산 중개업자가 부담하는 중개 대상물의 시세에 대한 확인·설명의무의 정도
② 중개 대상물에 대한 권리 관계와 시세에 관한 확인·설명의무를 소홀히 한 부동산 중개업자에게 손해배상 책임을 인정하되, 중개업자의 설명만을 믿고 섣불리 임대차 계약을 체결한 임차인의 과실을 참작하여 손해배상 책임의 범위를 40%로 제한한 사례.

[판결요지]

① 임차인으로부터 임대차 계약의 중개 의뢰를 받은 중개업자는 감정평가인이 시가나 차임을 감정하듯이 시세 조사를 하여 이를 설명할 의무까지 있다고 할 수는 없으나, 의뢰인이 요구하는 경우 중개업자가 업무를 통하여 이미 인지하고 있거나 통상 조사할 수 있는 방법을 통하여 확인할 수 있는 범위 내에서는 신의성실로써 목적물의 시세를 설명하여 줄 의무가 있다고 할 것인데, 중개업자가 시세에 관한 그릇된 정보를 제대로 확인하지도 않은 채 마치 그것이 진실인 것처럼 의뢰인에게 그대로 전달하여 의뢰인이 그 정보를 믿고 상대방과 계약에 이르게 되었다면, 부동산 중개업자의 그러한 행위는 선량한 관리자의 주의로 신의를 지켜 성실하게 중개 행위를 하여야 할 중개업자의 의무에 위반된다.

② 중개 대상물에 대한 권리 관계와 시세에 관한 확인·설명의무를 소홀히 한 부동산 중개업자에게 손해배상 책임을 인정하되, 중개업자의 설명만을 믿고 섣불리 임대차 계약을 체결한 임차인의 과실을 참작하여 손해배상 책임의 범위를 40%로 제한한 사례.

TIP

우리나라의 확인설명서와는 달리 미국의 경우 계약 절차안에 매수인이 전문 검사원을 고용하여 검사하도록 하며, 그리고 건물에 어떤 하자가 발견되면 매도인과 협의를 하여 조정을 이끌어내는 것이 보편화되어 있다.

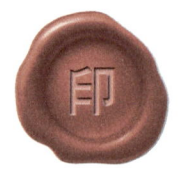

02
고무줄 복비

부동산 거래에서 핵심 3자는 매수인, 매도인, 공인중개사다. 한 사람은 어떻게든 싸게 사려고 하고, 한 사람은 어떻게든 좀 더 받으려고 하고, 한 사람은 어떻게든 계약을 성사시키려고 한다.

등장인 : 나매수, 김매도, 박사장

1. 김매도는 본인 소유의 논 $3,305m^2$(1,000평)을 박사장에게 5억 원에 매도 의뢰하고, 복비는 $3.3m^2$(평)당 1만 5천 원을 주겠다고 했다.
2. 박사장은 나매수에게 해당 논을 5억 원에 브리핑한 후 함께 현장을 답사했다.
3. 나매수는 박사장에게 4억 7천만 원이면 매수할 수 있다고 말했다.

4. 김매도는 박사장에게 4억 9천만 원까지는 양보할 수 있다고 말했다. (수수료는 그대로)
5. 박사장은 나매수에게 2천만 원의 차이가 있으니 나매수 쪽에서 결정했으면 좋겠다고 다시 의견을 전달했다.
6. 김매도의 물건이 마음에 든 나매수는 박사장에게 복비를 두 배로 줄테니 4억 7천만 원에 맞추어 달라고 재차 요구했다.
7. 박사장은 마음 속으로 '내가 매도인하고 약속한 수수료에 대한 욕심을 버리면 거래가 되겠구나' 라고 생각했다.
8. 결론 : 4억 7천만 원에 계약되었다.

어떻게 된 영문일까?

순서	김매도 (매도 금액-지불해야 할 수수료)	박사장 (받을 수수료)	나매수 (매수 금액+지불해야 할 수수료)
1~2	5억-1천5백=4억8천5백	1,950만원	5억+4백5십=5억4백5십
3	나매수가 4억 7천만 원 요구		
4	4억9천-1천5백=4억7천5백	1,941만원	4억9천+441만원=4억9천441만원
5~6	김매도와 나매수의 차이 금액 2천만 원		
7~8	4억7천-423만원=4억6천577만원	423만원×3	4억7천+423만원×2=4억7천846만원

정리하면 부동산 사장이 1,950만 원이 목표 수수료였는데, 양쪽 가격차를 좁히면서 본인의 수수료도 일정 부분을 줄인 것이다. 그럼에도 법정 수수료 최고 요율보다 423만 원을 더 받은 것이다. 이처럼 부동산은 상황에

따라 수수료를 조정하면서 가격 협상을 이끌어낸다. 이게 법정 수수료라는 프레임 안에서만 움직인다면 최초 김매도가 요구한 수수료는 물론이거니와 나매수는 자신이 원하는 가격에 토지를 구입하기가 어려울 것이다. 이것이 부동산 시장의 현실이다. 물론 나매수가 원하는 가격을 김매도가 수용할 수 있겠지만 김매도의 입장에서 4억 9천만 원을 못박았기에 급전 상황이나 꼭 팔아야 할 이유가 아니라면 계약이 불발될 확률이 매우 높다.

다시 각자의 입장으로 정리해보자.

김매도 : 최초 5억 원이라는 금액이 진심이었을까? 혹시 부동산 매도 경험이 많은 지주였다면 1~7번까지의 과정을 그려 놓고 있었을 수도 있다.

나매수 : 4억 7천만 원이라는 매수 희망 금액이 약간 무리일 수도 있다는 생각을 했지만 법정 수수료의 배를 주더라도 본인이 제시한 금액이라면 충분하다고 판단했을 것이다. 물론 이 제안이 먹혀 들어가지 않더라도 원하는 조건으로 계약하자는 심산이었을 것이다.

상황 고려 : 여기서 부동산 시장의 상황에 따라 김매도가 불리할 수도 있고, 나매수가 유리할 수도 있다. 또 그 반대의 경우도 존재한다. 그리고 경기 상황이 어찌 되었건 좋은 입지에 괜찮은 물건일 경우에도 각자의 입장이 달라질 수 있다. 또한 김매도의 개인 사정으로 급하게 팔려고 했다면 등등 상황이 다양하게 존재한다.

박사장 : 나매수가 전혀 모를 수밖에 없었던 매매 금액에 따라 변하는 수수료를 사전에 어느 정도 조율했기에 김매도에게는 양보를, 나매수에게는 원하는 가격에 계약을 체결할 수 있는 상황으로 몰고갈 수 있었다. 결국 매도인의 수수료를 포기하는 대신 김매도에게 마지막 승부수인 추가 할인의 요구를 얻어낼 수 있었다.

정리 : 부동산 가격이 고정 불변이 아니라는 것을 위의 예에서 잘 알 수 있다. 가격이 좁혀지는 과정을 반드시 거치면서 결정되는 최종 가격은 부동산 수수료 계산 방식(순가중개 계약, 인정 작업, 법정 수수료)에 따라 달라질 수 있다. 그래서 현실은 법이 정한 법정 수수료 프레임에 갇혀 있지 않은 것이다. 이것은 위법에 해당하지만 법이 정한 것과 현장의 부동산 거래에서 엄연한 차이가 발생하고 있음을 시사한다. 마지막으로 생각해 볼 부분은 '김매도가 토지를 적정 가격에 잘 팔았던 것일까? 아니면 나매수가 싸게 잘 구입한 것일까?' 중요한 것은 각자 나름의 결정이 부동산 시세 변화로 달라질 수 있다는 점을 기억하길 바란다.

중개 수수료는 부동산 중개업자가 중개를 한 대가로 받는 보수이다. 주택(부속토지 포함)의 중개 수수료와 중개 대상물의 권리 관계 등의 확인, 계약금 등의 반환채무이행 보장에 소요되는 실비는 국토해양부 장관이 정하며 이 범위 안에서 특별시, 광역시, 도 또는 특별자치도가 조례로 정한다. 주택외의 중개 수수료는 국토해양부 장관이 정한다. 중개업자는 중개 수수료를 중개 의뢰인 쌍방으로부터 각각 받으며 주택의 경우 일방으로부터 받을 수 있는 한도는 매매나 교환의 경우 거래 대금의 1천분의 9이내(0.9%) 이며 임대차 등의 경우에는 1천분의 8이내(0.8%)이다. 실비는 중개업자가 영수증 등을 첨부하여 매도, 임대 그밖의 권리를 이전하고자 하는 중개 의뢰인에게 청구할 수 있다. 중개 대상물의 소재지와 중개사무소의 소재지가 다른 경우 중개사무소 소재지를 관할하는 시, 도 조례에서 정한 기준에 따라 수수료를 받는다. 주택외의 중개 수수료는 중개 의뢰인 쌍방으로부터 각각 받으며 거래 금액의 1천분의 9이내에서 중개 의뢰인과 중개업자가 서로 협의하여 결정한다.

중개업자는 주택외의 중개 대상물에 대하여 중개 수수료의 요율의 범위 안에서 실제 자기가 받고자 하는 중개 수수료의 상한요율을 규정에 따라 중개 수수료와 실비를 요율표에 명시해야 한다. 이를 초과하여 중개 수수료를 받아서는 안되고, 사례, 증여 그 밖의 어떠한 명목으로도 규정에 있는 수수료 또는 실비를 초과하여 금품을 받아서는 안된다. 이 행위를 위반한 중개업자는 1년 이하의 징역 또는 1천만원 이하의 벌금 처분을 받는다. 관련법은 공인중개사의 업무 및 부동산 거래신고에 관한 법률이다. 46페이지는 서울시 부동산 중개 수수료 요율표이며, 대부분의 시, 도 역시 이와 비슷하다.

그렇다면 미국의 부동산 수수료는 얼마이고, 어떻게 배분하는지 알아보자. 앞서 설명한대로 우리나라는 수수료를 매수인과 매도인이 각각 부담하지만 미국은 매도인이 전액 부담을 한다. 매매 금액의 6% 정도이며, 우리의 0.4~0.9% 수수료율보다 상당히 높다. 거래에 관여하는 전문가도 우리는 공인중개사, 법무사, 세무사 정도인데 반해 미국은 공인중개사, 에스크로 회사, 감정 회사, 권원확인(title) 회사, 보험 회사, 부동산 점검 회사(inspection) 등 우리보다 더 많은 전문가들이 참여한다. 그러다보니 수수료를 지급하지 않는 매수인도 매매가의 2.5~3% 정도의 비용이 발생하며, 매도인은 수수료를 포함하여 약 7~7.5% 정도의 비용이 최종 발생한다. 매도쪽 부동산은 매도인에게 받은 6%의 수수료를 매수쪽 부동산하고 배분한다. 미국도 우리의 양타처럼 부동산이 하나인 경우 수수료를 깎아주거나 매도인에게서 받은 수수료 중 일부를 매수인(리베이트)에게 돌려주기도 한다. 기타 외국의 중개 수수료율을 보면 일본 3~5%, 영국 2~5% 호주 2~5%, 프랑스 6% 정도이다. 그래서 우리나라 부동산 사장들은 외국에 비해 수수료가 너무 저렴하다고 생각한다.

그러다보니 고가의 부동산 물건을 계약할 때 인정 작업, 입금가 등을 이용하여 법정 수수료보다 많은 금액을 관례적으로 취하며 매수인이나 매도인도 자신이 원하는 가격에 사고 팔기 위해 부동산 사장들에게 법정 수수료 이상을 보장해 주는 조건을 자연스럽게 제안하게 된다. 예를 들어 10억 원 이상의 물건은 부동산 사장들도 1년에 한 번 쓸까 말까 한 계약이다. 그런데 거기서 법정 수수료 0.9% 이내에서 협의할 수도 있겠지만 현실에서는 그 이상의 금액이 될 확률이 높은 것이다.

우리나라도 외국의 경우처럼 부동산 계약을 할 때 공인중개사 외에 여러 전문가들이 신중하게 검증 절차를 밟고, 그에 따른 수수료가 확실하게 보장되는 시스템으로 가야 부동산 가격에 있어 거품이 최대한 줄어들 것이라고 본다.

주택

거래내용	거래 금액	상한요율	한도액	중개 수수료 요율 결정	거래 금액 산정
매매교환	5천만원 미만	1천분의 6	25만원	중개 수수료 한도 =거래 금액×상한요율 (단, 이 때 계산된 금액은 한도액을 초과할 수 없음)	매매:매매 가격 교환:교환대상 중 가격이 큰 중개 대상물 가격
	5천만원 이상 ~ 2억원 미만	1천분의 5	80만원		
	2억원 이상~6억원 미만	1천분의 4	없음		
	6억원 이상	거래 금액의 1천분의( )이하		상한요율 1천분의 90이내에서 중개업자가 정한 좌측의 상한요율 이하에서 중개 의뢰인과 중개업자가 협의하여 결정함.	
임대차 등 (매매·교환 이외의 거래)	5천만원 미만	1천분의 5	20만원	중개 수수료 한도 =거래 금액×상한요율 (단, 이 때 계산된 금액은 한도액을 초과할 수 없음)	전세:전세금 월세: 보증금+(월 차임×100) 단, 이 때 계산된 금액이 5천만원 미만일 경우는 보증금+(월 차임액×70)
	5천만원 이상 ~ 1억원 미만	1천분의 4	30만원		
	1억원 이상~3억원 미만	1천분의 3	없음		
	3억원 이상	거래 금액의 1천분의( )이하		상한요율 1천분의 80이내에서 중개업자가 정한 좌측의 상한요율 이하에서 중개 의뢰인과 중개업자가 협의하여 결정함.	

주택 이외(토지, 상가, 오피스텔 등)

거래내용	상한요율	중개 수수료 요율 결정	거래 금액 산정
매매/교환,임대차 등	거래 금액의 1천분의 ( ) 이내	상한요율 1천분의 90이내에서 중개 업자가 정한 좌측의 상한요율 이하에서 중개 의뢰인과 중개업자가 협의하여 결정함.	주택과 같음

※ 중개 수수료 한도 = 거래 금액×상한요율 (단, 이 때 계산된 금액은 한도액을 초과할 수 없음)
※ 중개업자는 '주택의 매매·교환 6억원 이상, 주택의 임대차 3억원 이상, 주택 이외 중개대 상물의 매매·교환·임대차'에 대하여 각각 법이 정한 상한요율의 범위 안에서 실제 받고자 하는 상한요율을 의무적으로 위 표에 명시하여야 함.
※ 위 부동산 중개 수수료는 공인중개사의 업무 및 부동산 거래신고에 관한 법률 및 서울특별시 주택 중개 수수료 등에 관한 조례에서 정한 사항임.

부동산 중개 수수료 요율표(서울특별시 기준)

03
부동산 가격의 거품

앞의 사례에서 부동산 사장은 법정 수수료 0.9%가 아니라 3.3㎡(평)당 얼마라는 식의 인정 작업으로 수수료를 받았다. 이것 이외에 부동산 업계에서 사용하는 수수료 산정 방식에는 순가중개 계약을 이용한 '입금가'라는 것이 있다.

순가중개 계약의 입금가는 매도 가격을 미리 정하여 중개업자에게 제시하고, 이를 초과한 가격으로 매도한 경우 그 초과액을 중개업자가 수수료로 획득하는 방법이다. 수수료가 지나치게 과다해지거나 수수료를 많이 챙기기 위해 매수, 매도인들에게 불리한 방향으로 계약이 진행되기도 한다. 그래서 순가중개 계약은 윤리 규정이나 법으로 금지되어 있다. 공인중개사법에 금지규정을 두어 수수료나 실비를 초과하는 금품, 사례, 증여, 기타 어떠한 명목으로도 금품을 받는 행위를 하여서는 안된다. 사실상 순가중개 계약을 금지하고 있다.

매도인이 정한 가격이 '적당한 입금가'라고 부동산 사장이 판단할 경우 매수인이 요구하는 예상 할인 금액과 부동산 사장 몫인 수수료를 더한 가격이 매수인에게 브리핑되어 진다. 예를 들어 매도인 입금가 5억 원, 매수인이 요구할 수 있는 할인 금액 3천만 원, 부동산 사장이 챙길 이익 2천만 원을 더하면 5억 5천만 원에 브리핑된다는 것이다. 만약 매수인이 매수의사는 확실하지만 예상했던 가격이 3천만 원이 아니라 5천만 원을 요구할 수도 있다. 이럴 경우 부동산 사장은 매도인에게 입금가 조정 협상을 벌인다. 대부분의 매도인은 입금가를 약간 조정해준다.

그렇다면 인정 작업이나 입금가를 이용한 수수료 산정 방식을 아직까지 사용하고 있는 것일까? 과거 시절의 관행이 아직도 부동산 거래시장 전반에 깔려 있고, 계약 당사자들의 욕심 때문에 지금도 법정 수수료 이상의 인정 작업이나 입금가로 수수료가 오고간다.

과거 지금보다 법정 수수료율이 낮았을 때 부동산 거래 신고를 지금의 실거래가 신고가 아닌 기준시가로 신고하던 시절에 한몫 잡은 부동산 사장들의 많았다. 예를 들면 실거래 가격은 10억, 신고 가격은 5억. 이러면 5억의 차액이 남는다. 여기에 해당 물건의 입금 가격이 9억이었다면 부동산이 1억의 이익을 취하게 된다. 만일 매도인이 약속과는 달리 1억이 아까워서 못준다고 하면 부동산은 매도인에게 국세청에 실거래 가격으로 신고를 하겠다고 하면 '아야 소리 한 번 못하고' 약속된 1억을 지급했다. 왜냐하면 양도세가 1억보다 훨씬 많기 때문이다.

이러한 인정 작업과 입금가 등이 의심스러울 때는 해당 물건 주변의 부동산 사무실을 방문하면 확인할 수 있으며 오히려 큰 이득을 보게 된다. 왜일까?

"어서오세요!"

"뭐 좀 여쭤보려고 합니다. ✱✱번지 토지 문의 좀 하려구요."

"잠시만요. 아~여기요. 어떤 걸 알고 싶은 거죠?"

"거기 팔려고 내놓았다는데, 가격이 궁금해서…"

"(손님의 의중을 꿰뚫고) 근데 그 땅 나온거 어떻게 알았죠?"

"우연히 알게 되었습니다."

"한 5억 좀 넘게 이야기하던데…, 일단은 앉아서 편안히 차 한잔하시죠."

"네에. 감사합니다."

"(이런저런 이야기를 한 후) 거기 매수할 의사가 확실한가요?"

"사실은 ✱✱부동산에서 소개를 받았는데 가격이 좀 비싼것 같아서요."

"얼마에 소개를 받았죠?"

"5억 5천요."

"(한숨을 쉬며 심각한 표정으로) 잘 오셨네요. 부동산이라고 다 같은 부동산이 아니에요. 운이 좋으시네."

"(불안한 표정으로) 왜.왜..왜요?"

"(손님이 알고 싶은 가격은 오픈하지 않고) 그 땅 참 좋은 물건이죠. 향후 도로 계획도 있고, 투자 가치가 높다고 할 수 있죠."

"네. 저도 그런 이유로 매수를 결심했어요."

"그럼 제가 더 좋은 가격으로 맞추어 드릴테니 저희쪽을 통해서 계약 진행을 바로 하시죠."

결론은 두 번째 부동산 사장과 거품을 뺀 가격인 4억 8천에 계약을 진행했다. 대화에서 보듯이 두 번째 부동산은 제대로 된 시세와 정보를 개략적으로 알려 주고, 실제 가격을 바로 실토하지는 않는다. 괜히 손님이 배신감만 느껴서 매수 계획을 취소하거나 정보만 듣고 원래의 부동산으로 유턴할 수 있기 때문에 천천히 속칭, 간을 보며 매도 의뢰 가격을 공개한다. 두 번째 부동산 사장 입장에서는 제발로 들어온 손님이기에 매도인에게 법정 수수료만 받아도 땡큐하기 때문이다. 매도인 입장에서도 중개 수수료로 몇천만원 나가나 법정 수수료만 주고 몇천만원을 깎아주나 별반 차이가 없기 때문이다.

한가지 더 알려드리면 매수하려는 부동산 물건의 주변 지주인양 주변 부동산에 전화를 해서 "내 땅이 얼마면 팔리겠소"라며 물어보면서 해당 부동산 물건까지 함께 물어 보면 객관적인 시세와 매도자의 호가 정보를 어느 정도 파악할 수 있다.

04
은근슬쩍 0.9%

부동산 수수료 지급에 있어서 아래의 사례는 부동산 사장이 어떻게 은근슬쩍 넘어가는지 알 수 있다.

〈사례1〉

임차인 : 사장님 수수료가 얼마에요?

부동산 : 확인설명서 설명할 때 말씀드렸는데요. 거기 있잖아요~ 0.9%.

임차인 : 언제요? 거기 써 있었나? 그런데 사장님 0.9%는 상한요율이 잖아요?

부동산 : 네에~. 그게 0.9%가 법정 수수료예요. 다른 곳도 동일해요.

임차인 : 그러면 0.9%하면 백만 원이네요.

부동산 : (인심쓰듯이) 제가 특별히 90만 원만 받을게요.

임차인 : 정말요? 감사해요.

비록 10만 원을 할인받았지만 임차인은 생각보다 비싼 수수료가 찜찜했다. 잔금을 치루었고, 어느 날 건물주와 차 한잔 마시다가 뜻밖의 이야기를 듣게 되었다. 건물주는 60만 원만 수수료를 지불했다는 것을 알게 된 것이다. 그것도 건물주가 50만 원만 주려다 부동산이 사정사정해서 10만 원을 더 주었다는 것이다. 집으로 돌아와 인터넷을 뒤저보니 자신처럼 뒤늦게 수수료에 대해 한탄하는 글들이 꽤 많다는 사실을 알게 되었다. 법적으로 부동산이 잘못한 건 아니었지만 요율표에서 협의라는 단어를 보고도 그냥 그런가보다 하고 넘어간 자신의 실수도 실수지만 계약시 수수료는 협의할 수 있다는 말을 해주지 않은 부동산 사장이 얄밉고 괘씸했다. 또 다른 사례를 보자.

〈사례2〉

부동산 사장 : 보신 오피스텔은 괜찮죠?

임차인 : 네. 좋네요. 그런데 수수료는 얼마죠?

부동산 사장 : 법정 수수료인데 있다가 계약서부터 쓰고 협의하면 됩니다.

임차인 : 법정 수수료가 얼마인데요?

부동산 사장 : 음~, 법이 정한 0.9%이지만 제가 거기서 조금 깎아드리겠습니다.

임차인 : 보증금 3천만 원에 월세가 7십만 원이니까 1억(요율표 참조)이 되고, 0.9로 하면 90만 원이 되네요.

부동산 사장 : 잘 아시네요. 제가 차비 좀 빼 드리겠습니다.

임차인 : 감사해요.

부동산 사장 : 이제 계약서 도장도 찍었고, 수수료는 제가 5만 원 빼서 85만 원만 받겠습니다.

임차인 : 그런데요 사장님 오피스텔이라도 주거용으로 사용하면 요율 적용을 다르게 해야 하는 거 아닌가요? 그럼 0.3해서 30만 원 아닌가요?

부동산 사장 : 아닙니다. 국토교통부 유권 해석에 따르면 주거용으로 사용하더라도 공부상 근린생활 시설로 되어있다면 주택외의 요율을 따릅니다.

사례1처럼 계약을 끝내고 인터넷 포털 사이트를 보면 후회를 하거나 부동산 사장과 얼굴을 붉히는 경우가 많다. 부동산 사장들의 입장에서 계약서 작성전에 손님과 수수료 문제로 이견이 생기면 계약이 깨질 것이 두려워 계약서 작성전 수수료 관련 설명을 하지 않으려고 한다. 다음과 같이 가정해보자.

확인설명서의 수수료란을 비워두고 계약서 도장을 찍었을 경우 어떻게 되겠는가? 부동산 사장들이 당당하게 최고 요율을 주장할 수 있겠는가. 결국 임차인이 요구하는 요율과 큰 차이가 생길 수밖에 없기 때문이다. (0.9% 이내에서 협의) 물론 무조건 최고 요율을 적용하지 않고 임차인과 협의를 하는 부동산 사장들도 많다. 그래서 사례1처럼 일단 계약서 도장을 찍고 나면 수수료에 관해서는 부동산 사장들이 유리한 입장이 된다. 그렇기 때문에 반드시 확인설명서에 기재된 수수료 책정 근거와 금액, 부가가치세 부담 여부 등을 서명 날인전에 짚고 넘어가야 한다. 도장을 찍기 전까지는 수수료 협상에 있어서 부동산 사장보다는 임차인이 다소 유리한 입장이 되기 때문이다. 간혹 반대의 상황이 발생하기도 한다. 보통 매수인이나 임차인이 해당 물건이 상당히 만족할 경우 계약서에 도장을 찍기도 전에 부동산 사장들이 오히려 먼저 최고 요율을 보장 받고 계약을 진행하기도 한다.

계약 전후를 막론하고 부동산 사장에게도 수수료 협의의 시간은 두려운 시간이다. 왜냐하면 수수료 금액의 결정권은 손님에게 있기 때문이다. 결국 수수료 금액이 클 경우 협의 과정으로 조율되지 않아 법정으로 가기도 하지만 부동산 거래에 있어서 협의는 '요구, 당연한 거절, 고민 후 양보, 타협'이라는 범위를 절대 벗어나지 않는다.

사례2처럼 오피스텔의 경우에도 0.9%의 수수료율 적용은 법적으로 문제는 없다. 그러나 인.허가나 등기, 등록 여부와 상관없이 사람이 실제 거주하고 있는 상태라면 주택으로 간주하는 주택 임대차 보호법의 시각으로 해석하면 임차인은 억울한 생각이 들 수밖에 없다. 이런 경우 대부분은 0.6~0.7% 정도의 요율을 적용하고 있는 것이 현실이다. 아래의 기사에서 보듯이 주거용 오피스텔의 경우 주택요율 적용을 검토한다고 하니 지켜보아야 겠다.

> **주거용 오피스텔의 중개 수수료가 낮아질 전망이다.**
>
> 심재철 국토해양위원회 의원(새누리당·안양 동안을)은 5일 열린 국토해양부 국정감사에서 "85㎡ 이하 소형 오피스텔은 주거용으로 사용되고 있으며 매입임대주택으로도 등록할 수 있다"면서 "하지만 중개 수수료는 주택보다 높은 업무시설의 수수료를 적용받고 있다"고 지적했다. 이에 권도엽 국토부 장관은 "주거용 오피스텔의 중개 수수료를 주택과 같은 수준으로 낮추는 방안을 찾아 보겠다"고 답변했다. 현재 오피스텔의 중개 수수료는 거래 금액의 0.9% 이내로 정해져 있다. 업계 관계자에 따르면 오피스텔은 통상 0.7~0.8% 요율을 적용하고 있다. 반면 주택은 거래 금액에 따라 매매는 0.4~0.6%, 임대차는 0.3~0.5%의 요율을 적용하고 있다. —아시아경제신문

사례2와 유사한 내용을 기사에서도 볼 수 있다.

"

서울 구로동 A아파트에 사는 정모 씨(32)는 마포구 공덕동으로 이사하기 위해 지난해 말부터 공덕역 일대 오피스텔 매물을 샅샅이 뒤졌다. 두 달 동안 발품을 팔아 전세금 2억 5천만 원짜리 오피스텔을 구한 그는 계약 후 중개업자로부터 황당한 얘기를 들었다. 중개 수수료로 무려 200만원(0.8%)을 달라는 요구였다. 서울 주택 임대차 중개 수수료는 1억원 이상 3억원 미만의 경우 거래가의 0.3%지만, 오피스텔은 0.9% 이내에서 협의해야 하는 규정 탓이다. 심지어 오피스텔은 전입신고가 되지 않아 전세권 설정비용 80만 원까지 자비로 부담해야 했다. 정씨는 "가뜩이나 아파트 전세 매물이 없어 오피스텔로 이사하려는데 중개 수수료에 전세권 등기비용까지 부담이 너무 크다. 거래를 살리려면 정부, 지자체가 중개 수수료부터 낮춰야 하는 것 아니냐"고 지적했다.

봄 이사철을 맞아 또다시 전세난이 불거진 가운데 오피스텔 세입자 설움이 커지고 있다. 오피스텔 거주자는 아파트보다 중개 수수료를 더 내야 한다. 준주택으로 분류되는 탓에 수수료는 0.9% 이내로 주택의 최대 3배 수준이다. '0.9% 이내'란 애매모호한 규정 탓에 중개업자와 세입자의 다툼도 빈번하다. 중개업소에선 최소 0.5~0.8%는 받아야 한다는 입장이고, 세입자들은 "오피스텔도 주거용 상품인데 왜 수수료를 더 내야 하느냐"며 불만을 터뜨린다.

~중략 매경이코노미

"

이처럼 부동산 수수료라는 것은 부동산 사장과 중개 의뢰인과의 협의로 결정하는 것이다. 그렇기에 특히 임차인의 경우 깎아달라고 사정하는 경우가 있는데 그럴 필요가 없다. 당신이 임차인이라면 0.5~0.7%를 부동산 사장과 당당하게 협의할 필요가 있다. 다만, 임차인은 얻은 물건의 만족도가 매우 높고, 그 물건을 잡기 위해 부동산 사장이 많은 시간과 공을 들였을 경우 적절한 수수료를 지불하는 것이 좋다. 물론 매수인, 매도인, 임대인도 마찬가지다. 간혹 수수료율 때문에 임차인과 부동산 사장이 법정 싸움까지 가기도 한다.

이제 부동산 수수료를 명확하게 알고 있는 당신이 부동산을 임차, 매수하는 상황에서 처음부터 수수료를 적게 주겠다는 확실한 의사를 내비치면 일부 부동산 사장들은 어떤 자세로 계약을 진행하게 될까? 아마도 당신의 입장보다 임대, 매도인의 입장으로 진행할 공산이 크다. 그렇기 때문에 부동산 물건에 대한 모든 조율이 마무리되고 계약서 도장을 찍기 직전에 협의하는 것이 유리하겠다.

05
복비 아끼려다 복 날리다

손님 한 분이 찾아와서 식당 임대를 알아보고 있다고 해서 A 부동산 사장은 면담 후 손님이 원하는 물건 몇 개를 추려서 현장 답사를 나가게 되었다. 여기서 A 부동산 사장은 손님이 식당 오픈에 대한 확신을 보여준 터라 직접 관리를 하는 식당 물건은 물론이고, 더 좋은 자리를 알아봐 주기 위해 다른 부동산인 B 부동산의 물건까지 보여주었다. 마침 B 부동산의 물건 중 먹거리촌이 형성된 도로변에 신축된 자리 좋은 식당 건물을 보게 되었다. 손님은 매우 흡족해하는 눈치였고, A와 B 부동산 사장은 '계약서 쓰겠구나' 라는 생각을 가지게 되었다.

그런데 손님은 흡족해하면서도 오늘은 시간이 늦었으니 내일 다시 오겠다며 자리를 떠났다. A와 B 부동산 사장은 물건이 마음에 들었다면 다른 사람이 계약하기 전에 가계약을 하는 것이 보통인데 이 손님의 경우는 다음과 말했다.

"꼭 할테니 걱정마시라"

다음 날 오후까지 A 부동산 사장은 손님의 연락을 기다렸고, 시간이 지나도 연락이 없자 손님에게 여러 번의 전화를 걸었지만 통화 연결이 되지 않았다. 그 이후에도 연락을 취했지만 결국 연결이 되지 않았다.

며칠 후에 물건지였던 B 부동산 사장이 미안한 표정으로 A 부동산으로 들어왔다. 그리고 A 부동산 사장에게 자초지종을 털어놓았다. 사실은 계약하기로 한 다음 날 오후에 손님이 D 부동산과 함께 자신을 찾아와서 계약을 하겠다고 말했다. 그래서 B 부동산 사장은 일단 건물주에게 계약을 하자고 연락을 취했는데 공교롭게도 오전에 이미 다른 부동산과 계약이 완료되었다고 말했다. 알고보니 그 손님은 식당 건물의 중개 수수료 5백만 원이 부담스러워 물건을 소개한 A 부동산 사장이 아닌 자신과 친분이 있는 다른 지역의 D 부동산 사장과 동행하여 계약을 시도하려고 했던 것이다. 그리고 그 과정에서 하루 정도의 시간을 지체하면서 결국 본인의 마음에 드는 부동산의 건물주와 계약을 하지 못했다. 해당 식당을 임차한 다른 손님은 식당 장사가 아주 잘 되어 2년 후 억대의 권리금을 받고 떠났다고 한다.

이 식당을 놓친 손님처럼 수수료가 부담스러웠다면 A 부동산 사장과 협상을 해서 조율을 하는 것이 바람직할 것이다. 일반적으로 손님이 그러한 협상을 요구해올 경우 부동산 사장들은 어느 정도 할인하여 가격 협상에

응하기도 한다.

　보통 부동산을 매매하거나 임차할 경우 너무 서두르거나 지체해서도 안 되지만 작은 욕심으로 인한 불필요한 행동은 매수나 임차인에게 결코 득이 되지 않는다.(부동산 물건에 있어 반드시 알아야 할 점은 '좋은 목은 누가 봐도 좋은 목'이기 때문이다)

06
당신만 몰랐던 등기 이전 수수료

부동산에서 계약을 체결하고 은행 대출 외에 마지막 절차인 소유권 이전을 위해 법무사를 만나 등기 이전을 한다. 먼저 내용을 설명하기에 앞서 아래의 기사 내용을 살펴보자.

"

지난 4월 경기도 광주의 빌라 한 채를 9천만 원에 구입한 김모(36)씨는 법무사를 통해 등기 이전을 했다가 비용이 과다 청구됐다는 사실을 뒤늦게 알았다. 규정상 기본 보수료는 7만 원, 누진세 7만 8천 원, 채권 할인료가 7만 9천 원으로 총 22만 7천 원이었지만 실제 지불한 금액은 보수료 15만 원, 누진세 14만 5천 원, 국민주택 채권 할인료 36만 원 등 모두 65만 5천 원으로 무려 40여만 원을 더 냈다. 김씨는 이

같은 사실을 해당 법무사에게 따졌고 영수증을 토대로 과다 지급된 금액을 돌려받았다.

부풀려지는 법무사 수임료 = 지난해 10월 경기도 수원의 한 아파트를 2억 원(시가 표준액 1억 4천만 원)에 구입한 박모(30) 씨도 채권 할인료만 30만 원을 더 냈다. 시가 표준액에 지역 채권 매입률 1.6%(1억4천만 원×0.016=224만 원)와 매입 당시 채권 할인율 9.15%(224만 원×0.0915%)를 적용하면 20만 4,960원이 적정 금액이었지만 실제로 박씨가 낸 돈은 50만 원. 박씨는 법무사에게 환불을 요청했지만 영수증이 없다는 이유로 초과 금액을 돌려받지 못했다. 이처럼 법무사들의 과다 비용 청구로 피해보는 이들이 해마다 늘어나고 있다. 한국소비자원에 접수된 법무사 피해 상담 건수는 2003년 174건에서 2006년 364건으로 꾸준히 증가했고 2007년의 경우 8월 6일까지 293건에 달한다. 이중 절반 이상이 법무사의 과다 비용 청구에 대한 상담이다. 실제로 2005년 피해 구제된 57건 중 27건, 2006년 61건 중 24건이 비용 과다로 인한 구제 대상이었다. 그러나 대부분의 시민들이 법무사 수임 규정을 제대로 알지 못해 피해 사례가 되풀이되고 있다. 일반적으로 등기 이전 보수는 7만원이고 누진료는 평형과 시가에 따라 요율이 정해져 있지만 법무사에 의해 액수가 부풀려지기 일쑤다. 특히 가장 많이 부풀려지는 부분은 채권 할인료. 현행법상 시가 표준액 기준으로 할인을 하지만 일부 법무사들은 이보다 높은 실제 매매가를 기준으로 계산, 고객들에게 더 많은 돈을 요구한다. 일반인들로서는 매일 바뀌는 채권 할인율을 알기 어렵다는 점도 법무사의 부당 보수 요구의 원인이 되고 있다.

부동산업자와 공모하기도 = 부동산 업자와 짜고 비용을 과다 청구하는 법무사도 적지 않다. 이들은 부동산 업자로부터 등기 이전을 할 주택매입자들을 소개받은 뒤 비용을 과다 청구하고 부동산 업자와 수익을 나눈다. 일종의 리베이트인 셈. 대한법무사협회 관계자는 "동네 부동산과 결탁, 소개 대가로 10만~20만 원씩 리베이트를 주는 법무사들이 일부 있다."고 털어놨다. 피해 사례가 늘자 대한법무사협회는 올초부터 국민주택채권 거래시 관련 영수증을 의뢰인에게 돌려주도록 했지만 현행법상 강제 규정이 없다보니 이를 지키는 법무사들이 드문 실정이다. 한국소비자원 관계자는 "수년째 똑같은 피해가 반복되고 있지만 이를 제재할 법적인 근거가 없어 비용 과다 청구가 계속되고 있다."며 "법무사 이용시 비용 항목에 대해 꼼꼼히 따져보고 과다 청구시 보관해두었던 영수증으로 환불을 받아야 한다."고 말했다. −문화일보

기사를 보면 법무사의 보수료에서 과다 청구된 것을 볼 수 있다. 아래의 대한법무사협회(www.kjaa.or.kr) 사이트로 가면 법무사 보수표를 확인할 수 있다. 그리고 채권 할인의 경우 변동성이라는 이유를 들어 법무사 등기이전 견적시 채권 할인율의 기준을 높게 잡아 제시하고, 당일 최종 채권 할인율의 절감된 변동 금액에 대해서 매수인이 묻지 않는 이상 언급하지 않는 경우도 있다. 이에 견적을 받고 법무사와 상담시 채권 할인율에 대한 영수증을 요구하면서 반드시 그 차액을 돌려 받도록 한다. 법무사 사무실의 가장 큰 고객 중 하나는 부동산이다. 그렇기 때문에 보수료 및 채권 할인율 등으로 차액을 발생시켜 부동산 사장에게 소개비 명목으로 지불한다. 보통 매수인이 이렇게 부동산에서 소개한 법무사를 쓰는 이유 중의 하나는 일

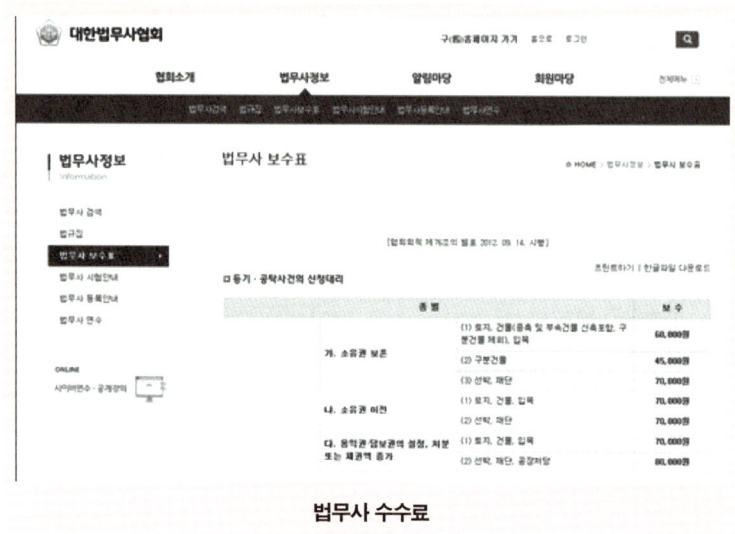

법무사 수수료

의 효율성 때문인데, 나른 지역의 법무사가 출장을 와서 진행을 하게 되면 여러 가지면(출장비 추가 등)에서 결국 비용 상승을 가져오며 법무사 사무실 입장에서 큰 계약이 아닌 이상 시간투자 대비 수익이 적기 때문이다. 우선

등기 이전 영수증

부동산 사장이 소개한 법무사 등 여러 곳에서 비교 견적을 받고, 필자가 제시한 내용을 체크하면서 합리적인 선택을 해야 한다. 사실 법무사 업계도 경쟁이 매우 치열해서 서울에서 수도권 구석구석의 부동산까지 돌아다니면서 하는 '떳다방' 식의 영업도 마다하지 않는 상황이다.

법무서비스 이용시 주의해야 할 사항
- 부동산에서 소개하는 법무사는 물론이고 여러 곳에서 견적을 받는다.
- 견적서에서 보수, 누진세, 채권 할인 부분을 반드시 체크한다.
- 매매 부동산의 시가 표준액과 거래 날짜의 채권 할인율을 적어둔다.
- 잘못 지급된 금액을 돌려받기 위해서는 받은 영수증을 잘 보관한다.

셀프 등기

요즘은 직접 등기 이전을 하는 분들이 늘어나는 추세라 관공서나 은행에서도 친절하고 자세히 알려준다. 법무사에게 지불하는 비용 중 작성 대행료, 등록세 대행료, 일당 및 교통비에 대한 항목이 있는데 실제 셀프 등기를 진행해보면 서류상으로 크게 어렵지 않은 단순 업무 정도에 지나지 않는다(기타 권리 제한사항이 없는 경우). 왜냐하면 단순히 구청과 등기소에서 2시간 내외면 모든 일이 마무리된다. 그리고 부동산 매매거래시 대부분이 은행에서 대출을 받기 때문에 은행에서 지정한 법무사를 통해 대출 금액에 대한 근저당권을 설정한다. 이때 소유권 이전 등기를 자기내 은행의 고정 거래처 법무사를 통해 하고자 요구하는 경우가 있다. 어디까지나 요구일 뿐이기에 본인이 직접 등기 이전을 하겠다고 하면 그만이다.

07
은행 대출 알선 수수료

"사장님 물건은 마음에 드는데 제가 돈이 좀 부족해요. 대출 좀 많이 받을 수 있을까요?"

"그 정도 대출 금액은 나올 겁니다. 걱정하지 마세요."

"일단 손님의 주거래 은행에 먼저 알아보고, 결과를 주시면 제가 이쪽 지역의 은행에 알아보겠습니다."

"우선, 다른 사람이 계약하기 전에 계약부터 하고 알아봅시다."

여기서 중요한 것은 계약의 타이밍이다. 대출 금액이 얼마가 나올지 모르는 상황에서 계약을 체결하는 것은 안일한 생각이다. 현장에서 보면 잔금 직전에 필요한 대출 금액에 대한 승인이 나지 않아 매도인에게 사정하여 잔금을 미루거나 급전을 빌려야하는 난처한 상황이 의외로 자주 발생한다. 그렇기 때문에 계약 전에 정확한 대출 조건을 알아보고 결정해야 한다. 간혹 대출 금액이 클 경우 은행에서 지급하는 대출 알선 수수료가 제법 되다 보니 부동산 사장 입장에서는 계약을 종용하기도 한다.

하지만 계약 전에 부동산 사장이 소개해준 해당 지역의 은행 대출을 잘 살펴보면 오히려 득이 되는 대출을 소개받을 수 있다. 매수인에게 가장 중요한 것은 가장 낮은 금리와 필요한 금액의 대출이다. 일반적으로 매수인이 거래하는 타지역의 은행보다는 물건지 근처에 소재하고 있는 은행 대출 조건이 좋은 경우가 제법 있다. 왜냐하면 타지역 은행에서는 실제로 현장에 나와 확인하지 않고 서류상의 정보만으로 대출 금액을 산정한다. 그렇기 때문에 지역의 거래 빈도, 시세, 임대 수요 등을 정확히 파악하고 있는 해당 지역의 은행이 대출 금액이나 금리 등에서 유리할 수 있다. 이처럼 계약 전에 본인이 여러 은행을 알아보고 부동산 사장이 소개한 대출 은행을 비교하여 결정하는 것이 바람직하다.

그리고 본인이 알아본 은행과 부동산 사장이 소개한 은행의 대출 금액과 금리가 거의 일치할 경우 다음과 같이 제안해 볼 수 있다.

"사장님, 제가 알아보니 대출 금액은 1억 8천만 원이구요, 금리는 4.5%라고 하네요. 사장님이 소개한 곳과 똑같네요."
"아~그래요?"
"둘 다 꽤 나왔네요?"
"그러면 사장님이 소개한 쪽으로 가고 싶은데, 금리를 조금 깎을 수 있을까요?"

"제가 한번 해보겠습니다."

"(대출 상담사와 전화)대출 손님을 계속 밀어줄테니 이분 금리 0.2%만 더 깎아줘!"

"그래요? 제가 윗선과 상의하고 알려드리겠습니다."

결론의 대부분은 0.2% 안쪽으로 추가 인하가 가능한 것이 현실이다. 여기서 매수인은 금리 인하가 부동산 사장에게 충분히 요구할 수 있는 조건임을 명심하자. 부동산 거래에 있어서 계약과 관련된 관계자들(부동산 사장, 은행, 법무사, 이사업체 등)이나 상황을 적절히 이용할 줄 알아야 한다. 그리고 은행에서 부동산 사장에게 지급하는 약 0.25%(한도 있음)의 대출 알선 수수료가 있다는 사실도 알고 있으면 좋겠다.

08
계약서가 휴지 조각된 사연

 자동차 할부 구입은 계약금만으로도 차량을 인도받은 후 명의를 나의 것으로 만들 수 있다. 하지만 부동산 계약에 있어서는 잔금까지 완벽하게 지불해야 명의를 나의 것으로 만들 수 있다. 그렇기 때문에 매수인, 매도인, 임차인, 임대인 모두 계약 후 잔금까지 불안한 시간을 보낼 수밖에 없다. 특히 계약금이나 중도금을 이미 지불한 매수인이나 임차인은 더욱 그렇다. 사실 계약에 서명 날인을 했는데 이 이야기가 무슨 말인가 하는 분들도 있을 것이다. 간단하게 설명하면 다음과 같다.

 9억 원의 건물을 사기 위해 계약금 9천만 원을 지불하고 60일 후 잔금을 지급하기로 계약서에 서명 날인했는데 잔금일까지의 기간 동안 계약 당시에 없었던 해당 건물의 등기부등본에 근저당이나 제한 물건 등이 들어온 경우나 매도인이 악의적으로 이중매매나 가짜 매매 계약서를 작성했다면 문제는 심각해진다.

> **토지 대금 부풀려 17억 원 가로챈 부동산업자 적발**
>
> 수원지검 평택지청은 24일 유명 고속버스 회사의 토지매수를 위임받은 뒤 매수 대금을 부풀려 중간에서 17여억 원을 가로챈 혐의(사기 등)로 부동산 개발 시행업체 간부 김모(49) 씨 등 4명을 구속 기소하고 부동산 개발업자 김모(57) 씨 등 2명을 불구속기소했다고 밝혔다.
>
> 검찰에 따르면 김씨 등은 지난해 2월부터 3월까지 D 고속버스 회사가 추진하는 경기도 평택시 용이동의 시외버스터미널 이전 사업의 토지 매수를 위임받은 뒤 매수 대금을 부풀린 가짜 매매 계약서를 이중으로 만들어 회사측에 제시했다. 김씨 등은 이어 매수 대상 토지 소유주 7명의 신분증 사본을 이용해 통장들을 대리발급 받은 뒤 D 회사로부터 이 계좌로 송금받은 대금(송금 완료시 100억여 원)중 17억 5천만 원을 챙긴 혐의를 받고 있다.
>
> 검찰 관계자는 "대리인을 통해 통장을 발급받을 경우 본인의 신분증 사본만으로도 발급이 가능한 점 등 금융권의 기존 관행이 이번 범행을 가능케 했다"며 "추가 피해를 방지하는 한편 은행측에 제도 개선을 권고하는 등 조치를 취했다"고 말했다. ─연합뉴스

여기서 근저당이나 제한 물건의 경우 해당 사항을 파악하여 잔금 조건

등을 조율하는 과정을 거치겠지만 그 과정에서 당신이 생각했던 것보다 쉽게 풀리지 않는 복잡한 경우의 수가 많다. 다음 사례를 보자.

매수인 : 오늘이 잔금일인데 웬 가압류냐?

매도인 : 그 가압류 건은 어제 해결했다.

매수인 : 그런데 왜 남아 있느냐?

매도인 : 등기소에서 처리 중이라 2~3일 후면 등기부에서 말소될 것이다.

매수인 : 못 믿겠다. 계약 위반이다. 말소가 되면 잔금을 치르겠다.

매도인 : 나도 새로 들어갈 집의 잔금이 오늘인데 이러면 어떡하나? 당신이 계약 위반이다. 나는 가압류 금액을 송금했고, 내가 할 일을 다했는데 이런 식으로 나오면 손해배상 청구하겠다.

매수인 : 무슨 소리냐? 계약금이고 중도금이고 다 받아 놓고, 어제서야 일을 처리하다니 말이 되느냐? 소송? 누가 이기나 해보자.

여기서 매도인이 가압류 건에 대해 여러 가지 증빙을 매수인에게 제공하여 다소 찜찜하게 잔금이 진행되는 경우도 있다. 하지만 가끔 계약을 포기하고 소송 과정을 진행하게 되는데 설사 이긴다하더라도 시간적, 정신적, 경제적 피해를 입게 된다. 특히 매수인에게 받은 계약금과 중도금을 매도인이 모두 써버린 경우 승소하더라도 돌려받을 수 없는 상황도 발생한다. 실제 대법원법률정보 사이트에 들어가 확인해보면 황당하다고 생각한 사건들이 비일비재하다. 예를 들어 매도인의 이중매매의 경우 선의로 취득한 제3자가 나보다 먼저 소유권 등기를 했을 경우 나는 제3자에게 아무런 대항력이 없다. 이것이 계약금과 중도금을 날리는 케이스다. 아래의 내용은 대법원법률정보에 나온 판례이다.

[판시사항]

가압류 등기가 있는 부동산의 매매 계약에 있어서 매도인의 소유권 이전 등기 의무와 아울러 가압류 등기의 말소 의무도 매수인의 대금 지급 의무와 동시이행 관계에 있는지 여부(적극)

[판시사항]

부동산의 매매 계약이 체결된 경우에는 매도인의 소유권 이전 등기 의무, 인도 의무와 매수인의 잔금 지급 의무는 동시이행의 관계에 있는 것이 원칙이고, 이 경우 매도인은 특별한 사정이 없는 한 제한이나 부담이 없는 완전한 소유권 이전 등기 의무를 지는 것이므로 매매 목적 부동산에 가압류 등기 등이 되어 있는 경우에는 매도인은 이와 같은 등기도 말소하여 완전한 소유권 이전 등기를 해주어야 하는 것이고, 따라서 가압류 등기 등이 있는 부동산의 매매 계약에 있어서는 매도인의 소유권 이전 등기 의무와 아울러 가압류 등기의 말소 의무도 매수인의 대금지급 의무와 동시이행 관계에 있다고 할 것이다.

결국 계약서는 계약 사실을 증명하고 상대방에게 이행을 촉구하게 하는 서류이지 부동산 물건을 내 명의로 하는 등기권리증이 아닌 것이다. 그러나 현실은 이 사실을 항상 염두에 두고 부동산 거래를 진행해도 내 의도와는 다르게 사기를 당할 수도 있다는 점이다.

이러한 부동산 거래와 관련하여 생기는 분쟁의 대부분은 에스크로우 제도를 이용하면 방지가 가능하다. 에스크로우는 부동산 거래 대금과 관련 서류의 보관인을 말한다. 중립적인 제3의 기관이 쌍방 대리인의 자격으로 거래에 관련된 보증금이나 보증 또는 그것에 해당하는 재산과 서류 일체를 계약 조건이 종료될 때까지 보관한다. 그러므로 부동산 거래에 관련되어 있는 이해당사자, 금융업자, 공인중개사 등 부동산 거래와 관련하여 발생하는 모든 업무를 공정하게 실행하는 역할을 한다. 하지만 통상 거래가의 0.1~0.2%의 비용이 발생하는 단점이 있고, 강행 규정이 아닌 임의 규정이기에 우리나라의 부동산 거래에서는 극히 일부만이 이용을 하고 있는 것이 현실이다.

부동산 거래에 있어서 계약 체결 이후 당사자가 계약상의 의무 사항을 이행하지 않을 경우 현재로써는 계약해제와 손해배상(끊임없이 인내력을 요구하는)을 요구하는 방법 이외에는 특별한 것이 없고, 이러한 경우 부동산 중개업자의 책임이 없다는 점에서 에스크로우 제도가 필요하지만 현실에서는 외면받고 있다. 이처럼 안전한 거래를 위한 에스크로우 제도가 왜 자리를 잡지 못하는 것일까? 부동산 거래에 있어서 설마하는 우리 모두의 안일한 자세가 근본적 원인 중에 하나인 것은 확실하다. 아래는 에스크로우 제도 중 하나인 부동산 권리보험에 관한 기사다.

"

집 살 때 사기당할까 걱정된다면? '부동산 권리보험' 가입하세요.

등기부에 올라있는 소유자와 계약해 부동산을 구입했는데 실제 소유주라는 사람이 나타나 소송을 제기하면 어떻게 될까?

답은 어떤 이유든 간에 실제 소유자가 따로 있다면 등기부상 소유자와 맺은 매매 계약이라도 무효가 된다는 것이다. 등기부는 부동산의 소유권, 저당권 등 각종 권리를 외부에 알리는 공시 기능을 하지만, 엄밀히 따져 진정한 소유자 여부에 대한 공신력을 갖고 있지는 않기 때문이다. 등기법은 신청인이 서류상 요건을 갖춰 권리 변동을 신청하는 경우 등기 공무원이 형식적 요건만 심사해 등기를 해주는 '형식주의'를 채택하고 있는 데 따른 것이다.

과거에는 부동산 소유자의 배우자 등 가족이 소유자 몰래 부동산을 매각했는데 뒤늦게 소유자가 거래 무효를 주장하는 경우가 종종 발생하곤 했다. 법적인 대리권이 없는 사람이 매매 계약을 맺는 행위를 '무권대리'라고 하는데, 이런 피해를 방지하기 위해서는 소유자 본인의 인감증명과 함께 매매 의사를 반드시 확인하는 게 중요하다. 그러나 요즘은 아예 제3자가 마음먹고 남의 부동산을 먹잇감으로 삼아 매매 사기를 칠 경우 누구나 함정에 빠질 수도 있다는 게 문제다. 기술의 발달로 사기꾼들이 등기권리증이나 신분증까지도 위조할 수 있기 때문이다.

이처럼 부동산 거래 사기를 당했을 경우 매수자의 손해는 이만저만이 아니다. 허가받은 부동산 중개사무소를 통해 거래했을 때도 마찬가지다. 이때는 중개업자가 든 보증보험에 따라 최고 1억 원까지 배상받을 수 있지만 나머지는 본인이 책임져야 하기 때문이다. 이런 현실을 개선하기 위해 2001년 도입된 제도가 '부동산 권리보험'이다. 외국계 인 퍼스트 아메리칸 은행에서 미국에 일반화된 이 보험을 한국에 들여왔고 국내 보험사들도 앞다퉈 이를 판매했다. 그러나 이 상품은 이내 사라지고 말았다. 사회적 인식이 부족한데다 보험료도 비쌌기 때문이다. 당시 보험료는 매매가 3억 원인 경우 127만 원가량이었다. 최근에는 한국교원공제 산하의 더케이 손해보험이 가격을 대폭 낮춰 상품을 내놨다. 매매가가 3억 원이라면 보험료는 15만 원 수준이다. 부동산 권리조사 전문기관인 '리얼아이브이(IV)'의 박성환 이사는 "소비자들은 중개업자를 통해 거래하면 매매 사기를 예방할 것으로 알고 있지만 이들도 속는 경우가 있다. 부동산 매매 계약 때 권리와 재산을 보호하기 위해서는 미국이나 유럽과 같이 권리보험을 이용하는 게 해결책"이라고 말했다. -한겨레신문

09
애매 모호한 부동산 특약

　　부동산 계약서에는 부동산의 소재지, 지목, 용도, 면적 등의 부동산 계약에 필요한 내용을 담게 되어 있다. 그리고 계약의 구체적인 내용 즉 보증금이나 매매 대금, 계약금, 중도금, 잔금의 액수와 지불방법, 시기 등과 해당 법률의 주요 내용이 기입되어 있다. 계약서 하단에는 계약 당사자와 부동산 공인중개사의 인적 사항을 기입한다. 그리고 특약 사항에 '현 시설물 상태의 계약 고지, 매도인이나 임대인의 계좌번호, 잔금 전까지의 변동 사항, 실내 인테리어 등의 개별적인 내용과 건물에 부착되거나 설치한 물건에 대한 처리방법, 인수, 인도 등의 내용'을 쓰게 된다. 그러나 이 특약 사항에서 계약의 일반적인 이행에 관련된 사항을 기입하는 것은 지면 낭비라고도 볼 수 있다. 간혹 일반적인 사항 기입으로 인해 특약란이 부족한 사태가 벌어지기도 한다. 이때 글씨가 깨알같이 작아지면서 중요한 특약 사항을 구체적으로 쓰지 않게 되는 우스꽝스러운 일도 발생한다. 필자는 특약 사항을 비용의 관점에서 작은 것까지 세세하게 다루는 것은 잘못된 것이라고 생각한다. 예를 들어 6억 원의 건물을 매수하는데 고작 3~4만 원 밖에 나오지 않는 수도세와 같은 문제에 집중한 나머지 정말 중요할 수도 있는 특약 내용을 부실하게, 때론 해석이 모호한 표현으로 기입할 수 있다는 점이다.

사실 모든 부동산 관련 분쟁에 있어 해결점의 시작은 특약에서부터 출발한다. 현재 일어나고 있는 분쟁의 대부분도 역시 특약을 해석하는 계약당사자의 시각차에서 발생한다. 모든 계약서 특약란을 보면 제1번은 다음과 같다.

'현 시설상태에서의 계약이다.'

이 문구는 사실 매도인과 부동산을 위한 문구라고 할 수 있다. 미국의 경우처럼 부동산 계약시 시설물 상태에 대한 면밀한 조사를 하는 전문회사(inspection)가 참가하지 않는 우리의 계약 구조에서 매수인이 한두 번의 방문으로 부동산 시설에 관한 모든 상태를 정확하게 알기는 힘들다. 그렇기 때문에 다음과 같이 특약 조항을 포함할 필요가 있다.

'현 시설상태에서의 계약이다. 단, 잔금 후 몇 개월까지 발생하는 하자보수에 있어 수선비를 매도인이 지불한다. (금액이나 염려가 되는 하자의 종류를 추가하여 특정할 수 있다)'

물론 민법에 하자담보 책임이라는 조항이 있기는 하지만 특약에 따라 명시를 구체적으로 하는 경우에 문제 해결의 시간이 단축될 수 있다. 그외에도 임대차 계약에 있어 기존의 구조를 변경하는 경우에도 구체적인 변경 범위와 임대차 기간 만기시 복구 조건도 역시 구체적으로 기재하는 것이 좋다.

또 다른 사례를 살펴보면 A 회사는 수출 전문의 전자부품을 제조하는 회사로 외국 바이어의 요구 조건에 따라 제품을 수출하려면 공장설립 신고가 되어 있는 일정 규모 이상의 공장이 필요했다. 그래서 적당한 신축 공장을 찾았고, 임대차 계약을 체결했다. 그리고 계약시 A 회사는 임대인에게 30일 이내에 공장설립 신고를 해주어야 제품 생산에 차질이 없다고 설명했고, 이에 임대인은 걱정하지 말라며 그보다 빨리 해주겠다고 약속을 하면서 임차인과의 특약 내용을 다음과 같이 기입하였다.

'임대인은 임차인의 공장설립 신고를 최대한 신속하게 해준다.'

얼핏보면 당사자가 바로 해주겠다고 구두로 약속도 했고, 일반적으로 공장설립 신고는 그리 까다로운 절차가 아니기에 A 회사는 위의 문구에 안심하였다. 부동산 사장 또한 임차인이 그 문구에 만족하자 특별한 언급을 하지 않고 계약을 마무리하였다.

결론은 임대인의 개인적인 사정(매매나 세금 문제 등 드러나지 않는 사유로)으로 30일 이내에 공장설립 신고의 약속을 이행하지 않았고, A 회사는 상당한 피해를 보았다. 특약에 기입된 내용인즉 최대한 신속하게 라는 것이 '바로 그것을 처리해준다' 라고 보이지만 임대인의 사정으로 인한 지연에 있어 아무런 대책이 없는 무책임한 문구이다. 그렇기 때문에 위의 같은 문구는 아래와 같이 바꾸어서 구체적으로 명시해야 한다.

'임대인은 임차인의 공장설립 신고를 30일 이내에 완료해야 하며, 그렇지 않을 경우 예상되는 손해의 얼마를 임차인에게 보상해야 한다.(손해의 종류와 손해의 발생 이유 등을 명시하는 것도 좋은 방법이다)'

아래 기사는 특약 조항을 사기에 이용한 피해 사례이다.

"

부동산 담보 특약 조항 몰래 끼워 넣은 뒤 거액 가로챈 일당 적발

서울지방경찰청 광역수사대는 부동산을 담보로 돈을 빌린 뒤 특약 조항을 근거로 피해자 몰래 근저당 설정을 해지, 수십억원을 가로챈 혐의(특정경제범죄가중처벌 등에 관한 법률 위반)로 윤모 씨(48) 등 3명을 구속했다고 12일 밝혔다. 경찰은 또 토지를 담보로 제공해 범행을 공모한 우모 씨(62) 등 17명을 불구속 입건하고 채무자 역할을 한 유모 씨(41) 등 2명의 행방을 쫓고 있다.

경찰에 따르면 이들은 땅을 담보로 수억원을 빌린 뒤 계약서에 몰래 끼워 넣은 특약 조항을 내세워 담보 설정을 무효로 하는 수법으로 2011년 6월부터 12월까지 신모 씨(63) 등 8명으로부터 26억 8천여만 원을 빼돌린 혐의를 받고 있다. 특히 윤씨는 2011년 8월 지인을 통해 알게 된 신씨에게 토지를 담보로 돈을 빌려주면 3개월간 월 2~3%의 높은 이자를 받을 수 있다며 땅 주인 우씨와 돈을 빌릴 최씨를 소개했다. 우씨는 최씨와 친한 사이라며 최씨에게 돈을 빌려주면 경기도 파주시에 있는 공시지가 5억 원 상당의 토지를 담보로 제공하겠다며 신씨를 안심시켰고 신씨는 이 토지에 근저당권을 설정하고 최씨에게 4억 원을 빌려줬다. 그러나 신씨는 근저당 설정 계약서를 작성하면서 '이 근저당권은 매매 계약이 해지될 경우 자동 무효로 한다'라는 특약 조항을 미처 확인하지 못했다고 경찰은 전했다.

우씨는 신씨와 근저당권을 설정하기 전에 최씨에게 마치 해당 토지를 매각할 것처럼 허위로 매매 계약을 체결한 상태였다. 신씨로부터 돈을 받은 최씨는 사전에 범행을 공모한대로 우씨에 매매 대금을 지급하지 않아 고의로 계약을 해지, 결국 근저당권 설정은 특약 조항에 따라 무효가 됐다. 이후 최씨는 신씨에게서 빌린 4억 원을 들고 달아났고 우씨도 근저당설정 해지 소송을 제기해 신씨로부터 토지를 되찾아왔다. 경찰 관계자는 "이들은 범행 초기에는 특약 조항을 넣지 않아 민사소송에서 패소하기도 했다"라며 "변호사와 법률상담을 통해 민·형사상 책임을 회피할 방법을 고안한 것"이라고 말했다. -파이낸셜 뉴스

"

복잡한 계약서가 여러 장으로 이루어진 경우 꼼꼼히 살펴야 하고, 우습지만 기사 말미에 사기꾼들조차 초기에 특약 조항을 넣지 않아 본인들이 민사소송에서 패하여 손해배상을 하는 경우가 있을 정도로 특약은 구체적이면서 신중하게 접근해야 한다.

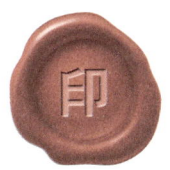

10
순간의 실수가 부른 엄청난 결과

신혼부부가 다가구 주택의 쓰리룸을 알아보려고 A 부동산으로 왔다. A 부동산 사장은 공동 전산망을 통하여 B 부동산의 물건을 보여 주었고, 신혼부부는 계약을 결심했다. 다른 물건과 마찬가지로 A 부동산 사장은 해당 물건의 등기부등본을 열람하여 임차인에게 물건에 관한 압류나 융자 등에 문제가 없음을 설명했고, 신혼부부는 직접 확인을 한 후 계약서에 서명 날인을 했다. 그리고 시간이 흘러 잔금 지급일날 A, B 부동산과 임대인, 그리고 새로운 임차인(신혼부부)이 만나 잔금 지급과 최종 결정을 해야 하는데 기존 임차인이 개인 사정으로 급히 이사를 나가야 하므로 잔금을 입금했으면 좋겠다고 B 부동산 사장에게 요청을 해왔다. 그래서 B 부동산 사장은 등기부등본을 즉시 확인한 후 별문제가 없으니 그렇게 하겠다고 말하고, A 부동산 사장에게 전화를 걸어 상황을 설명했다. A 부동산 사장은 B 부동산 사장의 확인 여부를 믿고, 새로이 들어올 신혼부부에게 등기부등본상 다른 변동이 없으니 만나기 전에 바로 잔금을 입금했으면 좋겠다고 요청했다. 그래서 신혼부부는 A 부동산 사장이 등기부등본을 확인했음을 믿고, 이사 나가는 기존 임차인에게 잔금을 송금하고 입주를 했다.

그런데 얼마 지나지 않아 신혼부부에게 해당 주택이 경매 개시가 결정되었다는 통보를 받게 되었다. 너무 황당했지만 결국 신혼부부는 우선 순위 등 어느 하나도 방어할 수 없는 상태로 전세 보증금을 전액 날리게 되었다.

도대체 무슨 일이 일어난 것일까?

융자나 근저당은 등기부등본상 을구에 기재가 되고 소유권에 관한 변동 사항은 갑구에 등재가 된다. B 부동산 사장은 안일한 생각과 당일날 업무가 많아 을구만 확인하고 계약시와 변동이 없어 A 부동산 사장에게 이상이 없다고 말했던 것이다. 계약과 잔금일 사이에 해당 물건의 갑구에 계약시에는 없던 압류가 들어와 있었는데 B 부동산 사장은 이를 정확히 확인하지 않은 것이다. 만약 신혼부부가 잔금시 압류가 들어온 사실을 알았더라면 당연히 잔금을 유보하거나 압류 금액에 따라서 안전장치(압류 금액을 제외한 송금) 또는 계약 자체를 파기했을 것이다.

B 부동산 사장의 결정적인 실수로 신혼부부가 피해를 보았지만 그걸 눈으로 직접 확인하지 않은 A 부동산 사장이나 신혼부부에게도 문제가 있다고 볼 수 있다. 아무리 이사로 바쁘더라도 잔금 지급날 등기부등본은 직접 확인 후 잔금을 치루어야 한다.

부동산 사장들의 "아! 그건 큰 문제가 안돼요. 확인했으니 그냥 입금하셔도 됩니다." 라는 말은 경우에 따라 부동산 거래 사고로 이어지기도 하며, 결코 도움이 되지 않는다.

신혼부부는 A, B 부동산 사장들에게 피해 보상을 요구하는 소송을 제기할 것이고 부동산 사장들은 일부 책임이 있다는 것을 인정하겠지만 보상 금액의 액수에 있어서 신혼부부가 주장하는 보증금 전액 + 추가 비용이 아닌 보증금 중 일부만을 지급하려는 법률적인 방어 행위를 하게 된다. 그리고 이 과정이 1~2주 이내에 해결되는 것이 아니라 수개월 이상 소요된다는 점에서 신혼부부는 심각한 정신적·경제적 피해를 보게 된다. 공제증서나 보증보험에서 보상이 되더라도 시간이 많이 걸리는 법률적인 공방을 거친 후 보상이 된다. 심지어 법률적 공방 과정에서 신혼부부는 부동산 사장들에게 이런 말까지도 들을 수 있다.
"눈으로 직접 확인하지 않은 당신에게도 책임이 있다."

3

부동산 계약의
함정

01
계약서 하나 쓰는 구나

　　부동산 사장들은 해당 지역의 음식점주와 얼굴도 익힐겸 두루두루 방문하면서 음식맛도 보고 상권 분석도 자연스레하게 된다. 여기서 '자연스럽다' 함은 식당 사장님들과의 대화에서 자연스레 식당에 관한 정보(동네 특징, 유동 인구, 손님 변화, 직원 관리 등)를 알 수 있기 때문이다. 그렇게 그 지역의 여러 음식점을 다니다보면 부동산 정보와 함께 상권에 대한 파악이 가능하다. 그리고 음식점별 히스토리(흥망성쇠)를 조목조목 기억하고 있어 새로이 오픈하는 음식점에 대한 성공 여부를 가늠하기도 한다. 여담이지만 부동산 사장들이 여러 음식점을 방문하면서 맛이 없는 집도 그냥 '맛은 괜찮네요.' 라고 덕담을 나누지만 냉정하게 속마음은 '이 집은 그리 오래 못 가겠어' 라고 부동산 사장들끼리 서로가 이야기를 나누는데, 거짓말같이 맞아 떨어진다. 특별한 경우를 제외하고 점심은 물론이고 저녁까지 모든 약속을 해당 지역의 음식점에서 먹고, 보고, 느끼기 때문에 가능한 일인지도 모른다. 심지어 '누구집에 사채를 썼다더라, 누구집은 보증을 잘못 서서 곧 경매로 나올 것 같다' 라는 등 어떤 곳에서도 들을 수 없는 부동산 정보가 들어온다. 그리고 해당 식당의 이전이나 분점, 폐업 등으로 인한 물건 확보도 자연스럽게 하게 된다.

"(부동산으로 전화가 걸려왔다) 사장님, 저 식당을 좀 빼려고 하는데 한번 뵐 수 있나요?"
"아~ **음식점 사장님이시군요."
"네에"
"마침 늦은 점심을 하려고 하는데 잘 됐네요."
"제가 곧 방문을 하겠습니다."

이 분들은 2년전 필자의 사무실에 식당 자리를 문의하기 위하여 방문했던 분들이다. 음식점 규모는 $396m^2$(120평) 이상의 대형이었고, 주차장도 넓으며 4차선 도로에 접하고 있는 장사가 될법한 자리였다. 거기에 주변 환경도 500세대 정도의 아파트 진입로에 접해 있었고, 차량 통행도 많았으며 바로 근처에 대기업 물류센터, 소규모 상가들이 밀집된 꽤 괜찮은 자리였다. 임차시 바닥 권리금까지 지불하고, 2억 원의 인테리어 비용까지 투자했다. 보증금과 월세도 상당한 규모였다.

"시설 권리금을 얼마나 생각하세요?"
"들어간 돈이 많지만 1억만 받아주세요."

"어우~굉장한 손해인데 괜찮겠어요?"
"하긴 경기불황으로 대규모 음식점을 찾는 손님들이 드물어요. 어쨌든 제가 최선을 다해보겠습니다."

그리고 몇 가지 중요한 사항을 음식점 사장님에게 말씀드렸다.

"과거 저희 부동산과 계약을 하지 않았더라도 이 점포의 주변 환경에 대해 한번 쯤 물어보셨더라면 좋았을텐데요."
"사장님이 잘해주셨는데 다른 곳이랑 계약하는 것이 미안하기도 했고, 제가 보기에도 위치가 좋은 곳인 것 같아서 그랬어요."
"아시다시피 길 건너 대각선으로 200미터 떨어진 곳에 $165m^2$(50평) 정도 규모의 동일 업종 식당이 평판이 좋은 맛집이었어요."
"규모도 제법 되며 시설이나 주차도 좋고, 음식맛에도 자신이 있었죠."
"그 집이 10년 이상 오래했기 때문에 소문도 많이 났고, 설사 근처에 쟁쟁한 동일 업종의 음식점이 개업해서 가격 세일 등을 통한 소위 물량 공세로 나간다해도 그집 또한 맞대응할 수 있는 능력을 충분히 가지고 있었죠. 이유는 그동안 장사가 잘 되어 모아둔 자금도 있지만 이 동네 손님과 주변 환경의 특징에 대해 잘 알고 있죠."

필자는 음식점을 나오면서 규모를 너무 크게 시작한 것이 더 오래 버틸 수 없는 이유 중 하나라고 생각했다. 50평과 120평의 비교에서 관리비, 인건비, 월세 차이가 얼마나 크겠는가! 더군다나 건너편 음식점의 경우 가족들로 구성되어 운영을 하고 있었기에 직원 관리에 있어서도 우위에 있었다. 그리고 바로 인접해 있는 대기업 물류센터라는 것이 상주인원이 많은 것이 아니라 아침 일찍 물건을 실어 여러 지역으로 나가고 저녁 늦게 들어온다는 점과 주변 공장들은 구내식당 또는 백반집과 월단위 계약을 체결하여 이용한다는 사실들을 최초 상권 분석에 포함시키지 않았기에 그런 대규모의 음식점을 오픈하지 않았나 생각했다.

또한 가장 큰 실수는 상당기간 비어있던 상가에 그 이유를 확인하지도 않은 것도 모자라, 바닥 권리금까지 지불했다는 점이었다. 아마 당시 계약을 체결한 부동산에서는 계약 욕심에 장점만을 부각시켰을 것이다.

왜 이렇게 장점만을 부각시켰을까? 이 책이 아깝지 않은 이유를 독자분께 알려드린다. 손님에게서 이 물건에 대한 의심이 전혀 없음을 감지하게 되면 부동산 사장들은 '계약서 하나 쓰는구나!' 라며 장점만을 부각시킨다. 그러다보면 좋은 물건을 찾았다는 들뜬 마음에 동네 손님과 주변 환경의 특징에 대해 놓칠 수밖에 없다. 그렇기에 설사 좋은 물건을 찾았더라도 들뜬 마음을 누르고 다시 한번 '왜'라는 질문을 던져봐야 한다.

'잘 되는 상권인데 왜 비어있지' '바닥권리금은 정상인가' '동일 업종에 대한 평판' 등에 대하여 다시 한번 답을 찾아야 한다.

보통 동일 업종의 새로운 식당이 생기면 손님들이 호기심에 방문을 하지만 기존 음식점의 맛을 기준으로 평가하기에 별반 차이가 느껴지지 않으면 다시 원래의 단골집으로 발길을 돌리는 경우가 많다.

02
손님 태우기

간디께서 말씀하시기를 도덕성이 결여된 상거래는 하지 말라고 했다. 그런데 가끔 도덕성이 결여된 부동산 사장과 순진한 손님이 만나 비극적인 상황이 만들어지기도 한다. 이런 순진한 손님들의 특징은 오랜 시간 제조업이나 꾸준한 장사로 사업이 어느 정도 자리를 잡았기에 이제 '부동산 투자로 돈 좀 벌어볼까' 하는 생각과 함께 부동산을 방문하게 된다. 그리고 이런 분들 주위에 실제로 부동산 투자를 통하여 많은 수익을 올린 사람이 있기에 장밋빛 환상에 젖어있는 경우가 대부분이다.

순진한 손님의 심리를 꿰뚫어보는 부동산 사장은 환상이 깨지기 전에 속전속결의 계약을 진행하고, 순진한 손님 역시 술술 따라가게 된다. 매달 사업장에서 나오는 일정한 수입이 있어 대출에 대한 부담도 비교적 가볍고, 그동안 모아둔 현금 자산도 넉넉한 편이기에 물건 결정에 대한 판단도 빠르다. 부동산 사장은 이런 유형의 손님에게는 다양한 물건을 보여주기보다 겉모습이 번지르르한 물건을 보여주는 경우가 많다. 주로 대로변에서 진입이 좋은 공장이나 창고를 지을 수 있는 토지, 도로변 음식점 같은 근생 건물을 선호한다는 것을 알고 있으며, 실제로도 계약 체결율이 높은 편이다. 이유는 특별한 규제도 없고, 유동 인구 및 교통량도 많아 뭘해도 될 수 있는 장소라고 착각을 하기 때문이다. 손쉽게 투자하여 수익을 빠르게 올릴 수 있다는 욕심에 사로 잡힌다는 점이다. 이쯤에서 평소 갈고 닦은 세련된 언어 구사와 순발력으로 무장한 부동산 사장의 센스까지 더해지면 게임은 끝난 것이나 다름없다.

"사장님처럼 성공한 사업가의 안목은 다르네요."
"그런 질문을 하는 손님은 사장님이 처음입니다. 부동산을 직접하셔도 되겠어요."
"부럽습니다. 사업도 그렇고 부동산 투자도 그렇고, 돈이 붙어 다니겠어요."

그리고 6개월에서 1년 후에 지금 산 가격에 얼마를 더 얹어 팔아주겠다거나 대출을 다른 사람보다 월등히 많이 나오도록 하겠다는 등 책임지지 못할 말로 마무리한다. 순진한 손님은 자신의 올바른 결정에 의기양양 해하며 계약할 물건의 분석이나 가격의 적정선 등을 통째로 부동산 사장에게 일임하면서 다음과 같이 말한다.(이런 손님은 계약서에 도장을 찍는 순간이 투자의 완성이라는 착각을 하면서 모든 것을 덜컥 맡겨 버린다.)

"사장님만 믿어요. 얼른 서둘러 주세요."

하루정도 뜸을 들인 부동산 사장은 인사치레 정도의 가격 조정(?)을 하고, 순진한 손님은 덜컥 도장을 찍는다. 큰 소리친 대출 금액이, 필요한 금액보다 적게 나와도 이미 계약서 도장을 찍은 죄로 부족한 금액을 어떻게든 맞추는 신공을 부리게 된다. 계약서에 '상기 물건의 대출가능 금액이 얼마 미만일 경우 이 계약은 무효로 한다' 라는 조항을 특약으로 기재했다면 좋았겠지만 이런 유형의 손님에게 먼저 특약을 기재하자고 하는 부동산 사장은 흔치 않다. 마지막으로 소유권 이전이 끝나면 계약한 부동산에 자주 들러 투자한 물건에 건축을 해서 임대를 놓을까 그냥 두었다가 얼마에 팔까 등의 의논을 하게 되는데 이때 부동산 사장은 순진한 손님의 환상을 깨지 않기 위해 맞장구나 듣기 좋은 말만 한다. 이렇게 살살 비위를 맞추다가 점심이나 드실겸 근교로 나가자고 하는 경우가 있는데 꽤 멀리까지 가서 비싼 점심을 먹고 돌아오는 길에 전원 주택지로 활용 가능한 토지를 보여준다. 우연히 보여주기도 하지만 사전에 동선을 계획한 후 움직이는 경우가 많다. 이유는 순진한 손님의 투자 여력을 누구보다도 잘 알고 있고, 이런 손님들의 로망이 '사업은 안정, 투자한 부동산은 가치 상승, 전망 좋은 전원 주택지에서의 여유로운 삶'이기 때문이다.

소개한 토지의 면적이 집 한 채 짓기에는 너무 커서 머뭇거릴 때 부동산 사장은 두 가지 생각을 가지고 있지만 첫 번째 안으로 밀어붙이는 경우가 많다.

'첫째, 사장님이 거주할 집을 짓고 나머지는 필지 분할과 토목 공사를 한 후 전원 주택지로 분양을 하면 꽤 좋은 수익이 날 것이다.'
'둘째, 너무 커서 부담이라면 반으로 분할 매수가 가능하다.'

반신반의하던 순진한 손님은 분양을 할 경우 수익을 올릴 수 있다는 부동산 사장의 말에 계란을 한바구니에 담는 위험한 행동을 스스럼없이 하게 된다. 그리고 부동산 사장은 부동산 개발은 상당한 시간이 소요되고 중간중간 돌발 상황(분묘기지권, 수목 밀도, 주변 민원발생 등)이 발생하는 경우의 수를 순진한 손님에게 상세히 알려주지 않는다. 그러면서 부동산 개발은 크게 문제될 것이 없다고 말하면서 '손님은 행운아'라며 추켜세운다. 그리고 저만 믿고 따라오면 사심없이 최선을 다하겠다고 말한다.

성급하게 투자를 감행한 손님은 이런 결정이 잘못된 것임을 깨닫는 데에는 5~6개월이면 충분하다.

"사장님만 믿고 투자를 했는데 이게 뭡니까!"
"음식점 임대도 안 나가고, 전원 주택지 개발은커녕 아직 허가조차 받지 못했어요."
"아직 경기회복이 되지 않아서 그러니 조금만 기다려 보세요. 그리고 허가는 곧 나오겠죠."
"얼마나 더 기다려요? 제 입장 한번이라도 생각해보셨다면 그런 말이 나오나요!"
"저한테 사기친 것 아닌가요?"

"(기다렸다는 듯 화를 내며) 아니 무슨 말을 그렇게 막하시나요! 사기라니요! 듣자듣자 하니까 정말 어이가 없네요. 내가 속였나요? 강제로 계약하게 했나요? 사심없이 최선을 다했는데 정말 기분 나쁘네요."

"……….."

순진한 손님은 다른 부동산에 물건 매도를 의뢰하게 되고, 의뢰받은 부동산 사장이 구입 경위 등을 물어봐도 분하고 부끄러운 마음에 제대로 설명하지 못하게 된다.

이런 경우 그동안의 경제적, 정신적 손해 등을 감안하여 매도 의뢰를 하는 경우가 대부분이지만 애초 높은 가격으로 구입한터라 매도 의뢰를 받은 부동산 사장 입장에서도 가격적인 면에서 그리 달가운 물건이 될 수 없다. 또한 다른 부동산 사장을 통해 전원 주택지의 시세나 개발지 관련 정보를 듣게 되면 하늘이 노래진다. 손해를 감수하더라도 싸게 던져야 하는데 고생고생해서 모은 돈이기에 이러지도 저러지도 못하는 경우가 많다.

부동산 사장이라면 장점 위주로 설명하고, 밝은 전망만을 얘기할 수 있으며 이것은 법적으로 문제가 되는 것도 아니다. 이처럼 빠른 계약 성사를 위해 장점만을 말하고, 나중에 드러나는 단점에 대해서 보완책을 알려주지만 해결 방법을 찾는 것은 오로지 순진한 손님 몫으로 남는다. 이 세상에는 여러 분야의 수많은 전문가들이 있다. 그러나 이런 전문가들 모두가 전문 지식에 걸맞는 도덕성까지 갖추고 있지 않다는 사실을 알아야 한다.

03
에볼루션 기획부동산

"사장님 정말 좋은 땅이 있는데 설명 좀 들어 보시겠어요?"

최근 들어 기획부동산의 이런 투자 권유 전화를 받아본 적이 거의 없을 것이다. 기획부동산에서도 이런 식의 무작위 텔레마케팅이 이제는 통하지 않는다는 것을 잘 알고 있다. 그래서 요즘에는 다단계 판매 방식을 도입하고 있다. '월수 천만 원 가능'이라는 광고를 내어 이를 보고 찾아온 사람들 중 인맥이 넓은 사람을 채용하여 쥐꼬리만한 기본급을 주며 세뇌 교육을 시킨 후 실전에 투입시킨다.

전형적인 다단계와 동일하게 그 사람의 인맥을 적극 활용하는데, 동창이나 동호회는 물론이고 친척이나 친구, 과거 동료 등 물불을 가리지 않고 접촉을 시도한다. 전화를 받는 사람도 생판 모르는 사람이 아니기에 딱 잘라 끊기가 어렵고 그러다보니 설명을 들을 수밖에 없다. 이렇게 해서 100건 중 1건만 성사가 되어도 충분히 남는 장사이기에 상당한 노력을 들이면서 작업을 한다. 적성에 맞지 않는 사람이야 금세 그만두지만 눈먼 돈 벌어볼 욕심이 생긴 사람에게는 나름의 기회이기도 하다.

여차저차해서 전화 접촉 후 애프터 약속까지 잡아놓았다면 5부 능선은 넘은 것이다. 일단 으리으리하게 꾸민 사무실에 멋진 옷차림의 임직원들은 손님에게 장미빛 정보를 주입하기 시작한다. 하지만 여기까지는 경계심을 쉽게 풀지 않은 상태가 대부분이다. 이런 화약냄새 풀풀 나는(거짓이라는 것) 브리핑을 듣고 현장으로 이동하게 되는데 현장 이동전에 참가비, 신청금, 가계약금이라는 명목으로 금전을 요구하기도 한다. 물론 언제든지 환불해 주겠다는 거짓 약속도 서슴없이 한다. 남의 돈 거져 먹으려는 사람들에게 환불 받는 것이 어디 말처럼 쉬울까?

여기서 현장 답사까지 가기로 결정하게 되는 이유는 뭘까?

사무실에서 제시하는 자료는 언론 보도, 지차제 장기 계획, 현지 주변 개발 현황 등의 다양한 것들로 준비되어 있다. 이런 것들이 당신이 생각하는 아마추어 수준이라고 생각한다면 오산이다. 중요한 것은 이런 자료들이 허위가 아니라는 점이다. 그래서 일단은 현장을 한번 보고 싶다는 생각이 들 정도로 완벽하게 준비하고 브리핑한다. 알다시피 경력이 상당한 부동산 사장들도 속을 정도로 미래의 청사진과 관련 자료들을 섭렵하고 준비한다.

그리고 법무사 사무실을 통한 확실한 소유권 이전을 강조하는데 여기에도 함정이 있다. 법무사 사무실이 등기 이전을 책임진다고 하는데 틀린 얘기는 아니다. 개별 등기가 아닌 공동지분 등기 절차를 법무사 사무실에서 정당한 수수료를 받고 해주는 것뿐이다. 공동지분 등기를 간단히 말하면 수십명의 공동소유자가 니땅내땅 경계없이 똘똘 말아서 가지고 있는 것이다. 그래서 누구하나 대출을 받으려고 해도 모든 공동 소유자의 동의를 받아야 하고, 각자 개발을 절대 진행할 수 없는 것이다.

관공서가 쉬는 주말을 이용하여 기획부동산에서 안내한 현장에 도착해 보면 혀를 내두를 정도로 풍광이 좋다. 보통 근교의 드라이브를 가던 중에 "야~, 돈 있으면 이런 데 사가지고 개발해 놓으면 대박이겠다." 라고 느끼는 그런 곳이다. 여기는 해당 지역 중심지나 서울과 연결된 고속도로에서 승용차로 1시간 이내에 도착할 수 있는 곳이다. 또한 가까운 곳에 이미 개발이 완료된 스키장이나 리조트 등이 존재하며 동계 올림픽과 같은 큰 행사가 예정되어 있는 근방이기도 하다.

사실 '나는 속지 않아!' 라며 단단히 준비했다면 기획부동산 사무실에 가지 말았어야 한다. 기획부동산이 아닌 일반적인 부동산 사무실에서도 손님에게 일단 나오시라고 해서 손님이 방문하면 절반은 성공한 것으로 본다. 하물며 기획부동산에서 단체로 손님을 모셔 놓고 아무런 준비를 하지 않았을까? 손님이라고 다같이 처음 방문하는 손님이라고 생각한다면 순진한 생각이다. 손님 중에는 바람잡이 역할을 하는 기획부동산 사무실의 직원들이 섞여 있다. 왜냐하면 이들의 역할에 따라서 분위기가 좌우되기 때문이다. 마치 한배를 탈 것처럼 자신도 계약하겠다는 식으로 전체적인 분위기를 조장하다보니 차분하게 접근 분석하기가 힘들게 된다. 결국 일부 투자자를 조급하게 만들어 계약까지 하게 만든다. 그리고 여기에는 다른 손님들과의 묘한 경쟁심을 조장하는 기획부동산의 교묘한 전술이 녹아있어 개인의 욕심이 발동하는 순간 피해 금액은 늘어나게 된다. 교묘한 전술에는 여러 가지가 있지만 가격에 있어 적은 돈으로 큰 돈을 벌어들일 수 있다는 환상을 심어준다. 그래서 심각한 것이다. 왜냐하면 부동산 투자를 하기 어려운 자금 여력이 부족한 서민들의 종잣돈을 편취하는 것이기 때문이다. 일부는 종잣돈뿐만이 아니라 돈을 더 빌려오거나 다른 사람들을 끌어들여 여러 필지를 한꺼번에 구입하여 수억원의 돈을 날리고 심지어 본인 자신도 기획부동산의 일원이 되기도 한다.

사실 기획부동산 업자들은 부동산 분야의 고수라고 보아도 틀린 말이 아니다. 나중에 고소를 하여 법의 심판대에 올리기도 매우 힘들다. 핵심 당사자들만이 알고 있는 토지의 내역과 히스토리를 무기로 고소를 취하하는 대신에 애초의 약속대로 진행을 해주겠다며 큰소리를 치기도 한다. 이럴 경우 고소인들은 피해 금액의 일부라도 건질 수 있을 것이라는 생각에 고민을 하게 된다. 결국 형사 처벌은 물론이고 경제적인 피해도 복구하지 못하게 된다.

빠져나올 기회
1. 현장 답사 후 해당 지역 여러 부동산에 전화를 해서 이 물건의 시세를 확인한다.
2. 계약서를 작성할 때 매도인이 해당 기획부동산이 아니라 제3의 다른 인물이라면 미등기 전매일 확률이 매우 높다.(제3의 인물=원지주)

>

노인 2,000명 670억 등친 다단계 기획부동산

개발할 수 없는 임야 되팔아 공시지가보다 300배 뻥튀기

개발할 수 없는 헐값의 임야를 사들여 부동산을 잘 모르는 고령의 부녀자 2,000여 명에게 10배 이상 비싼 값에 팔아넘긴 기획부동산 업자들이 경찰에 무더기로 붙잡혔다. 경기 광명경찰서는 8일 주부사원 모집 광고를 낸 뒤 이를 보고 찾아온 60~80대 부녀자 2,177명을 상대로 개발 호재가 있다고 속여 땅을 사게 해 677억 원을 챙긴 기획부동산 업자 남모(52)씨 등 9명을 특정경제가중처벌법상 사기 등의 혐의로 구속하고 17명을 같은 혐의로 불구속 입건했다.

경찰에 따르면 남씨 등은 2011년 3월부터 서울과 경기 광명·성남 등 수도권 일대에 14곳의 기획부동산 사무실을 차려 놓고 개발 가능성이 전혀 없는 경기 이천·화성, 강원 평창, 충남 서산 일대의 임야 8곳 29만여 m^2를 사들인 뒤 주부사원 모집 광고를 냈다. 이들은 광고를 보고 찾아온 부녀자들을 수도권 일대 14곳의 교육장에 모아 놓고 해당 토지가 2018년 평창동계올림픽 수혜지라거나 물류단지, 전철역 예정지, 상업단지, 테마파크로 개발된다는 등 개발 호재가 있는 것처럼 속여 평균 시세보다 10배 이상 비싼 값에 되파는 수법으로 지난 3월까지 677억 원을 챙긴 혐의를 받고 있다.

실례로 이들은 공시지가가 $3.3m^2$당 1,500원인 평창의 한 임야를 5만 원에 매입한 것으로 서류를 작성한 뒤 58만 원에 되판 것으로 드러났다. 실제 거래 가격은 아직 조사 중이다. 결국 이들은 공시지가보다 무려 300배 이상 비싸게 팔아 넘긴 것이다. 이들은 거짓말을 듣고 토지를 구입한 부녀자들을 직원으로 채용한 후 추가로 토지를 구입하도록 권유하거나 지인을 끌어들이게 한 뒤 수당을 지급했다. 끌어들인 지인이 땅을 사면 10%의 수당을 지급했고 사원, 실장 등 직급별로 10~20%의 수당을 따로 주는 식으로 다단계 영업을 해온 것이다. 피해자 가운데는 60~70대 후반의 혼자 사는 부녀자들이 많았으며 남편이나 자식이 없어 손쉽게 집 등을 담보로 대출이 가능한 사람들이 집중적으로 피해를 당했다. 또 남씨 등은 피해자들에게 하루 3회 이상 거짓 개발 계획이 담긴 강연을 듣게 하면서 "월급으로 대출 이자를 내면 된다. 내 이름으로 된 토지가 있어야 자식들에게 괄시받지 않는다"고 세뇌시켜 토지 구입을 유도한 것으로 밝혀졌다. 이들이 매각한 토지는 대부분 보전 산지이거나 개발제한 구역으로 묶여 있어 개발이 불가능하며 심지어 맹지(진입로가 없는 토지)인 경우도 있다. 경찰은 자금 공급원 등의 배후 세력과 별도 조직이 있을 것으로 보고 수사를 확대할 예정이다. -서울 신문

04
벗겨봐야 아는 토지

토지를 보러 가기에 좋은 계절은 겨울이며, 눈이 쌓여있지 않은 화창한 날을 선택하여 살펴보는 것이 좋다. 그래야 해당 토지의 경계나 모양, 도로의 폭, 일조량, 보이지 않았던 분묘 등을 명확히 확인할 수가 있다.

"회장님, 오랜만이네요."
"왜 이렇게 뜸하셨어요? 돈 버시느라 바쁘셨나보네요."
"돈! 아이쿠 돈이 아니라 재판하느라 왔다갔다 힘들어 죽겠어."
"무슨 재판요?"
"내가 전에 말했었지 자네 알기 전에 구입한 땅 있다고."
"아, 그 지목이 묘지인거 말이죠?"
"그래, 나 그거 사기당했어. 땅을 산게 아니라 흙으로 덮여진 폐타이어를 산 꼴이지."

최회장님은 필자를 만나기 전에 지목이 묘지인 약 1,487m^2(450평) 정도의 토지를 매수했다. 분묘는 이미 이장을 한 상태였고, 땅의 높이도 도로와 거의 비슷하고 자동차 전용도로에서 5분 정도면 들어올 수 있는 위치가 꽤 괜찮은 토지였다. 토지 답사는 해당 부동산 사장들과 한여름에 딱 한 번 방문했다고 한다. 그리고 최회장님은 건강상의 이유로 시골에 휴양차 머무르면서 토지 계약과 관련된 대부분의 일을 해당 부동산에 일임했다. 잔금까지 무사히 치루고 개발 허가를 취득한 상태에서 시간이 흘렀고, 비가 많이 온 장미철에 일이 벌어졌다.

마을 이장님의 연락을 받고 현장에 가보니 믿을 수 없는 광경이 펼쳐져 있었다. 최회장님이 매수한 토지 뒷편의 아래쪽으로 논이 있었는데, 어른 키보다도 더 큰 폐타이어 수십 개가 논바닥에 어지럽게 널부러져 있었고 논은 엉망이 되어 있었다. 많은 비로 흙에 덮혀 있던 폐타이어가 일부 쓸려내려갔던 것이다. 우선 논의 폐타이어를 수습한 후 논 주인에게 손해 배상을 하고 욕까지 얻어먹었다.

장마가 끝나고 어떻게 된 영문인지 알아보기 위해 포크레인을 동원하여 토지의 다른 쪽도 파헤쳐보니 온통 폐타이어가 숨어 있었다. 알고보니 주변 지형보다 낮은 땅을 좋게 보이게 하기 위해 폐타이어를 쌓고, 흙을 덮어 교묘하게 눈속임을 해놓은 것이다. 최회장님이 그 땅을 처음으로 답사할 당시 여름이었고, 풀이 무성히 자라나 있어 주변 지형과 별반 다름없었기에 이러한 눈속임에 당하고 만 것이다. 그리고 설마 폐타이어로 성토 작업을 했으리라 누가 상상이나 할 수 있었겠는가.

최회장님은 당시 계약과 관련된 매도인과 양쪽 부동산 사장들에게 따져 물었지만 다들 자신은 모르는 일이라며 발뺌을 했다. 더군다나 알고보니 그 땅의 매도인은 부동산을 운영중인 사람이었기에 이 사실에 대해 모른다는 변명이 믿기가 어려웠다. 그리고 다들 배상 책임의 두려움 때문에 자기들도 피해자라고 주장했다. 당시 폐타이어를 묻은 공사업자를 수소문해 보았지만 연락할 방법이 없었다. 그때부터 최회장님은 2년에 걸쳐 힘든 소송을 진행하였고, 이제 마무리가 되어가는 중이었다. 최회장님의 시간적, 심리적 고통은 엄청났고, 배상 금액을 받더라도 새로운 성토 작업 등에 들어간 경제적 손실(폐타이어 제거 비용과 성토 작업 등 1억 원의 경비 소요)을 만회하기가 어려울 것이다.

이 사건은 사전 답사의 중요성과 계약 전후로 해당 지역의 동네 주민 등을 통한 정보 습득의 중요성을 알려주고 있다. 또한 매수인에게도 일부 과실이 적용되므로 경제적 손실을 100% 복구할 수 없다는 점이다. 그리고 매수인이 원거리에 있고, 상대방에게 보여준 믿음을 교묘하게 이용한 나쁜 부동산 사장들과 매도인의 욕심을 채운 사건이라 볼 수 있다.

TIP

평지에서 내가 답사하는 토지가 석축 등으로 토목 공사를 하지 않은 상태인데 바로 옆 토지보다 높은 경우에는 주의 깊게 살펴보아야 한다. 일반적으로 건물을 지을 때는 토목 성토를 통하여 맨 땅보다 조금 높게 건축하는 것이 일반적인데 옆 땅에 건축물이 있는 데도 토지의 높이가 높다면 확인을 꼭 해야 한다. 그리고 마을 안에 있는 토지들은 연속적으로 이어져 있어 특별한 사정이 없는 한 대체적으로 높낮이의 편차가 적다고 보면 된다.

05
대기업 정문과 함께 사라진 내 돈

어떤 지역에 대규모 투자가 이루어져 대규모의 첨단 생산설비가 지어진다면 어떨까요? 계획 발표 시점부터 준공 시점까지 그 지역의 부동산 시장은 요동친다. 파주시에 소재한 엘지 디스플레이 산업 단지의 예로 부동산 투자에 있어 주의해야 할 점을 살펴보자.

> 66
>
> 파주시의 이미지는 월롱면에 들어선 엘지 디스플레이 산업 단지를 통해서도 바뀌고 있다. 1970년대 초반까지만 해도 종종 간첩 사건이 일어나 총격전이 벌어지던 접전 지역의 파주가 미래를 앞당기는 첨단 산업 단지로 변모하고 있다. 파주의 얼굴을 바꿔놓은 디스플레이 산업 단지는 51만 평 규모로 공장 건물의 평면 면적이 축구장 6개 넓이

에 이른다. 2006년 준공식을 가진 디스플레이 단지는 8세대(유리기판 220×250) 공장 장비 반입을 시작으로 두 번째 공장을 가동 중에 있다. LCD는 화면 크기가 달라질 때마다 거대한 공장을 새로 지어야 생산이 가능하다. 월롱면 덕은리 엘지 디스플레이 산업 단지에 근무하는 사람들은 협력업체와 용역업체 직원 2천 명을 합해 모두 8,000명 남짓. 사원들 중 4천 명이 기숙사 생활을 한다. 이 가운데 기혼자가 1,000명에 달하는데 이들은 대부분 전에 일하던 구미공단에 가족을 두고 혼자 올라와 있다고 한다. 7,000명 미만이던 월롱면 인구는 공장이 들어서면서 2004년 이후 크게 늘어 현재 1만 명에 육박하고 있다. 이렇듯 엘지 디스플레이는 파주 변화의 한 주역으로 떠올랐지만 정작 회사 주변 주민들의 표정은 밝지 않다.

– 파주시에서 발간한 파주시지인 파주 이야기에서 발췌

"

왜 그럴까?

평소 알고 지내던 현지 토박이인 A씨가 부동산을 방문했다.

"김사장, 어제 발표난 거 알지?"
"네, 저도 봤어요."
"드디어 확정이네요."
"김사장 내 땅 알지. 들어설 공장 앞에 있는 1,322m^2(400평) 고추밭 알지?"
"왜요? 파시게요."

"고민되네. 이거를 팔어? 개발해?"

"요즘 내 땅 찾는 손님은 많어?"

"예. 산업 단지 때문에 문의도 많고, 거래도 제법 있었죠."

"얼마면 팔릴까?"

"3.3m^2(평)당 2백만 원은 받을 수 있나?"

"글쎄요. 비슷한 조건의 땅들이 1백 5십만 원 정도 거래가 되는데, 2백은 좀 …. 한 1백 8십 정도면 괜찮죠. 발표 전을 생각해보세요."

"에이~ 내 땅은 새로 개설되는 4차선 옆이라 나중에 주유소나 상가 짓기도 좋아. 더군다나 공장 출입구도 내 땅 앞이더만. 나보다도 몰라! 쯧쯧."

"몰라요, 그건. 산업 단지가 분명히 부동산 시장 상황이나 이 지역의 분위기를 어느 정도 바꿀 수 있지만 회사 사정으로 변경될 수 있어요. 제가 이 바닥에서 그런 경우를 한두 번 본 게 아니에요. 경제 상황도 좋지 않고 이럴 때 너무 큰 이문 생각하시면 오히려 손해볼 수도 있어요."

"2백 5십만 원에 살 사람 있으면 붙여봐! 조금 깎아줄게. 복비도 넉넉히 줄게."

결국, A씨 뿐만 아니라 일부 현주민들은 토지 매도를 하지 않고, 정문 앞이 요지가 될 것이라는 생각에 토지를 담보로 건축비를 마련해서 직접 상가 건물이나 다가구 건물을 신축했다. 하지만 산업 단지 준공 후 정문이라고 생각한 그곳이 화물차만 출입하는 단순한 출입구였다. 단지 규모가 크다 보니 실제 정문하고는 굉장히 거리가 있다고 볼 수 있다.

그나마 초창기에는 직원들이 이쪽 문을 이용해 상가를 다녀가기도 했지만 구조 조정과 보안 등을 이유로 봉쇄한 뒤로는 이 문을 이용하는 사람이

거의 없다. 유동인구가 단지 개발 전후와 다를바 없었다. 여기서 한가지 조언하자면 다가구 건물의 경우 산업 단지에서 10km나 떨어진 택지 지구(어느 정도의 생활편의 시설이 갖추어진)의 다가구 건물 원룸이 동이 나는 기이한 현상이 벌어졌다. 현주민들은 향후 손님인 예비 임차인이 될 대기업 직원들의 생활패턴, 동선 등의 고려를 하지 않고 위치와 거리만으로 충분히 승산 있는 개발이라고 생각했던 것이다. 그래서 현지인들뿐만 아니라 초창기에 투자를 한 외지인들의 일부도 매우 곤란한 상태에 처해 있다. 이처럼 엘지디스플레이가 파주의 지역 경제와 부동산 가치 상승에 기여했지만 앞서 일부 주민들의 표정이 밝지 않은 이유가 여기에 있었다.

불황기 부동산 투자에 있어 선점 효과가 무조건 성공하는 것이 아니듯 한걸음 뒤에서 흐름을 보고 투자해도 실패하는 것이 아니라는 것을 알 수 있다. 또한 손해를 본 다수의 지주들 중에서는 위험성을 설명한 부동산 사장의 조언을 참고하지 않고, 대기업이라면 무조건 된다는 일부 부동산 사장의 의견만을 좇아 투자한 분들이 많았다.

06
돈되는 택지 감별법

　　　　부동산 경기의 불황, 초저금리 등으로 상가 주택이나 다가구 주택과 같은 유형의 수익형 부동산에 대한 관심이 높아졌다. 그런데 상가 주택이나 다가구 주택을 지을 수 있는 택지를 보면 위치는 거기서 거기인데 택지 분양 후 프리미엄 차이가 무려 7~8천만 원의 차이가 난다. 어떤 경우에는 마이너스 프리미엄이 되기도 한다. 왜 그럴까?

"웬일이세요? 사장님!"
"얼마 전에 신도시 내에 택지 분양을 받았는데… 참내 이상하네."
"뭐가요?"
"이상하게도 프리미엄이 전혀 붙질 않아!"
"비슷한 택지들이 P가 몇 천씩 붙었는데 내 것만 왜 이렇지."

"제가 한번 봐 드릴게요. 지번이 어떻게 되나요?"

"도로변이기는 한데 이거 꼼꼼히 체크하고 분양 신청하신 건가요?"

"당연하지. 현장도 보고, 지도 검토 다 해봤지."

"여기가 도로 옆이기는 한데 이 도로가 회전 도로의 성격이 강해요."

"무슨말이야?"

"거기에다가 4차선 도로 옆이기에 택지와 도로 사이에 녹지 공간이 생기는 것이 확실해요. 그러면 도로에서 바로 진입이 되질 않아요."

"당연히 프리미엄이 붙지 않겠죠."

4차선에서 진입이 가까운 택지이지만 찬찬히 살펴보면 큰 차이가 있다는 것을 알 수 있다. 첫 번째로 택지와 도로와의 관계다. 일단 도로의 윤곽이 분양 안내서나 부동산 사장의 브리핑을 통해 그려졌다면 우선 해당 도로의 녹지공간 유무와 버스 노선도를 확인해야 한다. 도로의 버스가 광역인지 가까운 지역을 운행하는 회전식 버스인지 확인할 필요가 있다. 도심으로 나가는 광역위주의 노선이 아닌 지역을 순환하는 마을버스 개념의 노선이라면 좀 더 보수적인 접근이 필요하다. 좋은 위치는 해당 지역의 시경계를 연결하는 광역 버스와 일반 버스 노선이 혼재하며 도보 5분이내 거리에 아파트 단지가 있는 곳이다. 그리고 CCTV의 위치나 쓰레기 집하장소와 분전함의 위치와 같은 세세한 부분까지도 체크해야 한다.

어떤 지역의 택지를 선택하려고 한다면 해당 지자체의 조례와 LH공사의 분양 안내서를 기본으로 검토해야 한다. 여기에 지역의 개별적인 특성(북향, 동선, 임차수요, 미래형 쓰레기 투입구 위치 등)을 이해하고 있는 부동산 사장의 정직한 조언이 더해지면 금상첨화라고 할 수 있다. 그리고 해당 지역의 원룸, 투룸, 쓰리룸 임대 시세를 알아봐야 한다. 일조권의 적용으로 각각의 구조가 달라지는데 이럴 때 무조건 건축 가능 구조만 볼 것이 아니라 해당 지역의 시세를 참고하여 구조를 설계해야 한다. 원룸이 유망한 지역에 구조가 잘 빠진 투룸이 제 값어치를 할 수 있을 것인가를 고려해야 한다는 얘기다. 일조권의 경우에도 각 지자체별로 적용하는 방향이 다르니 꼼꼼히 체크해야 한다. 일조권의 적용을 받는 방향의 택지인 경우 임대를 놓을 수 있는 면적이 적어지게 되는데 경우에 따라서는 원룸 1~2개의 면적이 사라지게 될 수도 있다. 그리고 택지를 둘러본 후 부동산 사장과 필히 가설계를 그려 보아야 한다. 택지 중개의 경험이 많은 부동산 사장이라면 사무실에서 바로 가설계를 그릴 수 있다. 기설계를 이용하여 개략적인 연면적과 실현 가능한 수익률을 가늠한 뒤에 택지 조성 주체(LH, SH 등)의 분양 설명서와 해당 지자체의 조례를 점검해야만 좋은 택지를 고를 수 있다.

마지막으로 지자체 홈페이지에서 해당 물건이 소재한 지역의 건축 조례 (주차대수, 건폐율, 용적율, 공지비율 등)를 확인해야 한다. 상위법에서 정한 건폐율, 용적율의 기준이 있더라도 조례에 따라 축소될 수 있다. 택지의 위치에 따라 건물 한 채당 세대 제한도 있으니 확인해야 한다. 왜냐하면 세대수 제한 때문에 수익률이 떨어질 수 있기 때문이다. 때론 특별 조례로 1층에 고시원 허가를 주는 때가 있는데 이때를 잘 이용해야 한다. 1층을 근린생활시설로 건축허가를 받아 놓고 이러한 특별조례가 시행되면 고시텔 등록을 하여 1층에 원룸 4개를 만들어 임대를 놓을 수가 있다.

요약하면 해당 지자체 조례를 체크하고 나의 자금을 정확히 계산한 후 택지계약 전에 가설계를 작성해서 건물의 모양과 임대 가능성의 여부를 체크하고 목표 수익률을 정한다. 그리고 주변의 다른 건물 수익률과 임대 현황을 참고한 후에 계약을 진행해야 한다. 계약 후에도 지자체의 홈페이지를 자주 방문하여 특정 사안(주차, 고시텔 등)에 대하여 한시적으로 완화하는 등 허가에 대한 변동 사항을 체크하는 것이 좋다. 또 신규로 조성되는 택지 지역이 자리를 잡으려면 2~3년 정도의 시간이 걸리기에 건축을 서두르기 보다는 주변의 변동 사항과 조례 등을 자주 참조하여 건축을 하는 것이 옳다.

택지를 선택할 때 중요한 것 중의 하나가 사람이나 차량 등이 움직이는 동선을 지도로 보면서 상상해보는 것이 중요하다. 계획(마트, 아파트, 병원, 도로, 관공서 등)이 확정된 주변이 좋겠지만 이미 상당한 프리미엄을 안고 있기에 다음이라고 생각하는 지점을 찾는 것이다. 방법은 이미 조성된 택지 지구를 찾아가서 상권 파악과 함께 해당 지역 주민들에게 조성 초기와 현재의 시세나 프리미엄 변동 사항을 들어본다. 그리고 그 지역의 택지를 지도와 함께 유동 인구 등의 동선을 머릿속에 그려보는 연습을 하고, 해당 지역의 부동산 사장들에게 질문할 핵심 내용을 파악해야 정확한 답변이나 정보를 들을 수 있다.

07
주먹구구식으로 오른 땅값

"어르신 보이시는 저 위에 밭 있잖아요?"

"그거 아직 안 팔렸죠?"

"안 팔렸는데 작년 가격으로는 안돼."

"네? 얼마인데요?"

"한 삼천은 줘야지."

"어휴 1년 사이에 천만 원이면 너무 한거 아닌가요?"

"그 옆의 밭도 도시에서 귀촌인가 하는 사람이 삼천에 샀어."

위의 사례처럼 외지인들이 마을에 들어와 살기 시작하면서 마을의 땅값은 주먹구구식으로 오르게 된다. 토지의 가치가 상승한 것이 아니라 외지인이 매수한 가격을 기준으로 가격을 책정하기 때문이다. 거기에다가 외지인들이 들어오는 호재를 만난 일부 부동산 사장과 동네 주민들이 복비나 소개료를 많이 챙기려고 하기 때문에 가격은 자연스럽게 상승하게 된다.

요즘 귀농, 귀촌에 관심을 가지는 사람들이 부쩍 늘어났다. 과거처럼 은퇴 후 목가적인 삶을 꿈꾸는 귀촌뿐만 아니라 중장년세대들이 이주하여 농업을 통한 새로운 삶을 영위하고자 하는 귀농 희망 인구까지 더해져 그 수가 증가하고 있다. 하지만 대부분의 사람들은 시골에 와서 무엇을 어떻게 해서 해당 지역에 정착할 건지에 대하여 심사숙고를 하지 않거나 하더라도 제대로된 정보와 경험 부족으로 많은 어려움을 겪는다. 얼마 전 시사프로그램에서 귀농, 귀촌 과정에서 발생한 어두운 단면을 다루었는데 귀농이나 귀촌을 생각하는 분들께 조금이나마 도움이 되었으면 하는 마음에 토지의 구입과 주택 건축 관점 위주로 몇 가지 주의할 점을 알려드리고자 한다.

귀농, 귀촌을 하게 될 지역의 전반적이고 세밀한 분석이 필요하다. 여기에는 교통, 교육, 인구, 산업 구조, 농업 구조, 생산성, 대표 작물, 부동산 시세, 계절 변화에 따른 생활 여건, 지자체의 귀농 지원, 먼저 정착한 사람들의 노하우, 기후 특성, 재난 관련 정보 등을 확인하고 습득해야 한다. 도시에서 귀농, 귀촌과 관련한 교육을 이수했다하더라도 현장에 서는 순간 그 마을에서 아무것도 할줄 모르는 외지인이 되는 것이 현실이다. 또한 이런 외지인에게 필요한 건축, 작물 재배, 토지 구입 등에 있어서 한몫 잡으려는 사람들의 먹잇감이 될 수 있다. 지금은 전국이 반나절 생활권이다. 이것은 예전의 시골을 생각한다면 큰코 다칠 수 있다는 것을 의미하기도 한다. 앞에서처럼 외지인이 많이 유입되는 시골 지역의 땅값은 오르기 마련이다.

이 때문에 소수의 지주는 앉아서 돈을 벌기도 하지만 대부분의 지역 주민들에게는 달갑지만은 않다. 왜냐하면 얼마 전까지 2천만 원이면 살 수 있었던 밭이 3천만 원이 되어 해당 밭의 가격을 정확히 알고 있던 주민들에게는 그림의 떡이 되기도 한다.

우선 귀농, 귀촌을 결심했다면 먼저 혼자 귀촌을 해야 한다. 이때에는 토지의 구입이나 주택 건축 같은 것은 머리에서 잠시 지우고 해당 지역의 진정한 주민이 되어야 한다. 시골의 빈집을 빌려 거주를 하면서 이웃의 밭일도 거들고, 동네 사람들과 교류를 통해 귀농, 귀촌에 필요한 전반적인 사항들을 현지에서 몸소 부딪혀 체험하는 것이 중요하다. 이와 같은 방법으로 시골 생활에 어느 정도 자신이 생겼다면 집터와 농경지의 구입을 고려해야 한다. 이때 지속적인 교류를 통해 관계를 유지한 지주가 외지인의 사람됨을 보고 선뜻 저렴한 금액에 땅을 내어주는 경우도 꽤 있다.

결론은 귀농이나 귀촌에 있어 살아보지도 않고 선뜻 토지를 매입하거나 건축하는 것은 절대 금물이다. 첫 단추부터 잘못 끼워질 경우 경제적, 정신적 피해로 말미암아 아니 내려오는 것만 못하게 되는 경우가 많다. 토지 매입을 다소 비싸게 구입한 경우는 그나마 양반이다. 일부 악덕업자들은 건축주의 정당한 요구나 설계 변경에 있어 협의를 무시한 채 갈등화시켜 골조만 세워둔 집을 그대로 방치하여 결국 모든 것을 허물고 다시 건축을 해야 하는 경우도 많다. 또한 건축주의 요구로 설계를 변경할 경우 건축업자의 입장에서는 건축 비용을 올릴 수 있는 좋은 기회가 된다. 대부분의 귀농인들이 설계부터 시공까지 한 업체에 일괄 의뢰를 하는데 이럴 경우 시공상의 편리함과 경비 절감을 위하여 건축주보다는 자신들의 입맛에 맞는 설계도를 작성하는 경우가 많다. 그래서 설계변경 요구가 있을 때 난색을 표하거나 과다한 추가 비용을 요구하기 위한 수단이 되기도 한다. 그러므로 설계는 전문 설계업체나 농업인 표준 주택 설계도를 이용하는 것이 바람직하다. 업체의 선정도 가급적 해당 지역에서 오랫동안 영업한 업체를 찾는 것이 좋다. 왜냐하면 이미 완공된 주택을 방문하고, 비교 점검하여 기존의 건축주에게 도움을 얻을 수 있기 때문이다. 그리고 국토교통부에 등록이 되어있는 업체를 선정하는 것이 바람직하다.

귀농, 귀촌의 입장에서 가장 아껴야 할 부분이 건축비용이기에 일단 저렴함을 최우선으로 생각하는데 이럴 경우 저렴한 품질의 주택이 건축되는 것은 어찌보면 당연한 일이다. 이런 점을 악용하여 일단 저렴한 가격에 공사를 수주한 후에 공사 기간 중에 손해를 만회하려는 악덕업자들에게 항상 당하게 된다. 집을 짓고 나면 십년은 늙는다는 말처럼 이런저런 절차가 너무 힘들어 눈을 돌리는 곳이 지자체에서 조성한 귀농, 귀촌 주거단지인데 여기도 여러 부작용이 존재한다. 왜냐하면 사업이 초기 단계이고 지자체 역할에는 한계가 있기 때문이다. 그래서 귀농, 귀촌사업이 일반 주택분양 사업으로 변질되기도 한다. 기반 조성은 지자체의 지원으로 마무리가 되지만 역시 건축에 있어서는 건축업체의 이윤 추구가 우선시 되기에 입주 후 많은 문제점들이 발생하게 된다. 언론 보도와 지자체를 신뢰하여 서둘러 입주한 귀농, 귀촌인들에게 많은 실망을 안겨주기도 하며 입주율 등의 실적 압박으로 인하여 도시에서 입주하는 사람들보다 해당 지역 사람들이 더 많이 입주하는 경우도 있다고 한다.

토지모양도 중요하지만 토양도 체크하자

토지의 구입 용도는 여러 가지가 있겠지만 주로 경작, 개발을 통해 주거지나 공장, 창고, 용지 등으로 용도 변경을 하기 위해서다. 여기서 토지의 위치나 모양도 중요하지만 토지를 구성하고 있는 토양도 살펴봐야 한다. 알다시피 토양은 토지를 구성하고 있는 흙이기 때문이다.

흙의 종류와 성질에 따라 굴토, 흙막이 공사의 방법과 비용이 달라지기 때문에 알아두는 것이 좋다. 농지의 경우 논을 밭으로 쓰기 위해서 성토를 해야 하는데 이때에도 좋은 흙을 받아 와야 작물의 재배에 좋은 성과를 낼 수가 있다. 간혹 건축 폐기물이 섞인 흙을 좋은 흙인양 속여서 싣고 오는 경우도 있으니 주의해야 한다. 경작을 위해 밭을 매입할 경우에도 내가 경작할 작물과 해당 밭의 토양이 궁합에 맞아야 좋은 성과를 낼 수 있다. 전원 주택을 지을 경우에도 토양을 알아야 건축물의 주된 재료, 터파기 공법 등의 적절한 선택을 할 수 있다. 암반이 많은 경우 토목 공사비는 당연히 많이 들어간다. 때로는 땅속에서 나온 암반을 이용하여 콘크리트 옹벽 대신에 석축 옹벽을 쌓는데 이용하거나 다른 현장으로 암반을 팔아 수익을 내기도 한다.

흙에 대한 좋은 정보를 얻을 수 있는 곳
▶ 흙토람(토양환경정보 시스템 soil.rda.go.kr) : 지리 정보를 이용한 토양 지도, 지역별 작물 재배 여건, 토양 검사 등의 정보가 있다.
▶ 토양지하수 종합정보 시스템 sgis.nier.go.kr : 토양과 관련한 정보와 전국의 지하수에 대한 정보가 있다.

정원에 마사토를 쓰는 경우가 많은데 마사토는 잔디나 나무, 농작물의 생장에 크게 도움이 되지 못하는 흙이다. 정원에 있는 나무와 식물들이 잘 자라지 않는다고 생각된다면 반드시 흙을 살펴봐야 한다. 유기질 거름 등을 땅 위에 촘촘히 뿌리고 장비를 이용하여 한 번 갈아주면 효과를 볼 수 있다.

08
장사가 잘 되었는데도 망했다

〈사례1〉

"얼굴이 영 안좋으시네요. 사장님 무슨 일 있어요?"

"이제 장사가 좀 될만한데 건물주가 가게를 비워 달래."

"전 임차인에게 지급했던 권리금 1억 하고, 시설 투자비 7천 날리게 생겼어."

"사장님 보증금하고 월세가 얼마인가요?"

"보증금 1억에 월 250만 원…"

"상가 임대차 보호법 범위가 아니네요."

〈사례2〉

"사장님 무슨 일 있어요? 얼굴에 근심이…"

"건물주가 임대료를 올려 달래요."

"얼마나요?"

"금액은 그렇게 크지 않지만 올려주고 나면 상가 임대차 보호법에서 보호하는 보증금 범위를 초과해서 나중에 가게를 비워달라고 하면 큰일이잖아요. 아직 권리금하고 시설 투자비도 회수하지 못했는데…"

〈사례3〉

"이번에 경매에서 낙찰받은 새로운 건물주가 가게를 비워 달래요."

"당연히 기존의 건물주와 맺은 계약이 유효하다고 생각했는데…"

"상가 임대차 보호법 적용 대상이 안된다고 하네요. 그나마 새로운 주인이 소정의 보상을 해준다고는 하지만 이래저래 손해가 크네요."

상가 임대차 보호법이란 무엇인가?

사회적·경제적 약자로 분류되는 상가 건물 임차인의 권리를 보호하고, 과도한 임대료 인상을 막기 위해 제정한 법이다. 임대인의 해지권 남용, 임대차 기간의 불안정성, 월세 산정시 고율의 이자율 적용, 임대보증금 미반환 등으로 발생하는 임차인의 피해를 막는 것이 주요 목적이다. 모든 임대차 계약에 적용되는 것이 아니며 영업용 건물의 임대차로 보증금이 일정 금액 이하인 임대차에 적용된다. 상가 건물 임대차 보호 제도는 다음과 같다.

 첫째, 임차인의 대항력으로 상가 건물 임차인이 임대차 계약 사실을 법원에 등기하지 않은 경우에도 건물의 인도를 받고 세무서에 사업자등록을 신청한 때는 그 다음날부터 제3자에 대하여 대항할 수 있는 권리가 생긴다.
 둘째, 임차인의 계약 갱신 요구권으로 5년을 초과하지 않는 범위 내에서 계약의 갱신을 요구할 수 있는 권리를 주장할 수 있다. 즉 임대인은 임차인의 계약 갱신 요구에 정당한 사유없이 이를 거절하지 못한다.
 셋째, 임차인이 대항력을 갖추고 임대차 계약서에 확정일자를 받으면 보증금을 우선 변제받을 수 있는 권리가 생긴다.
 넷째, 법 적용 대상 임차인 중에서도 소액 임차인은 요건만 갖추면 확정일자를 받지 않더라도 모든 권리자보다 우선하여 경매가액의 1/3범위 내에서 보증금 중 일정한 부분을 변제받을 수 있는 권리를 갖는다.
 다섯째, 임대료가 현실과 차이가 많을 경우 계약 당사자는 임대료 증감을 청구할 수 있으나 증액은 9%이내에서만 할 수 있으며 증액 후 1년이내에는 다시 증액을 청구할 수 없다. 또한 보증금의 전부 또는 일부를 월세로 전환하는 경우에 적용하는 산정률을 연 15% 이내로 제한하여 임차인을 보호한다.

 보호받는 보증금의 기준은 서울 3억 이하, 과밀 억제권역(서울 제외)에서는 2억 5천 이하, 광역시(군 지역, 인천 제외), 안산, 용인, 김포, 광주시 1억 8천 이하. 그밖의 지역 1억 5천 이하인 보증금을 지급한 상가만이 보호를 받는다. 예를 들어 보증금 5천에 월세 3백만 원이면 5천+3백×100=3억 5천의 보증금으로 계산한다. 이때 월세×100을 해서 5천이 넘지 않으면 70을 곱한다. 보증금이 3억 5천이면 대한민국 어떤 곳에서도 상가 임대차 보호법의 적용을 받지 못한다. 대항력이 전혀 없는 것이다. 또한 기존에 상가 임대차 보호 범위의 보증금을 유지해서 보호대상의 조건을 충족하며 장사를 하다가 임대인의 월세 인상 요구로 일정 부분 오를 경우 다시 계산을 해서 보호받는 보증금의 범위를 넘는다면 역시 보호를 받을 수 없다.

이렇게 범위를 벗어나게 되면 5년 이내의 계약 갱신 요구권이 적용되기가 힘들다. 권리금 주고, 추가 시설 투자하고 고생해서 자리 좀 잡을 만하니깐 '나, 너랑 갱신 안해 그러니 만기때 나가줘!' 라는 내용 증명을 받는다면, 나가야 하는 경우가 대부분이다.

상가 임대차 보호 범위를 벗어난 상가가 경매로 넘어간 경우에도 새로운 낙찰자에게 제대로 대항하지 못한다. 그렇기 때문에 이전 임대인과의 채권 채무 관계로 해결을 해야 한다. 그래서 사전에 최소한의 대비로 보호 범위를 넘어섰을 경우 지체없이 전세권 설정을 하는 것이 좋다. 그리고 다른 임차인이 쉽게 들어올 수 있는 위치인 경우 최초 임대차 계약시 장기 계약을 고려하는 것이 바람직하다. 혹, 장기 계약을 했다가 장사가 안되면 계약기간 내내 월세를 내야 하는 부담도 있지만 위치가 좋은 곳이라면 다른 임차인이 쉽게 들어올 수 있기에 월세 지급 기간을 최소화할 수 있다.

상가 임대차 기간 중 보증금이나 월세를 증액하여 상가 임대차 보호법의 범위를 넘겼더라도 갱신한 계약서 외에 기존의 상가 임대차 보호법 범위내의 계약서를 폐기하면 절대로 안된다. 드물지만 기존의 대항력을 유지하는데 도움이 될 수도 있기 때문이다.

> 지난 25일 인천광역시 계양구 작전동의 한 상가 건물 1층 음식점에서 방화 소동이 벌어졌다. 이 음식점 업주 A(56.여) 씨가 바닥에 석유를 뿌린 뒤 불을 지르겠다며 위협한 것이다. 신고를 받고 출동한 경찰과 7시간 대치 끝에 붙잡힌 A씨는 왜 이런 소동을 벌였을까. 지난 2011년 이 건물에 식당을 낸 A씨는 보증금 6천만 원에 월세로 660만 원을 내 왔다. 시설 투자비로 1억 5천만 원까지 전재산을 투자한 그는 불황으로 장사가 시원치 않아 고민해왔다. 그런데 설상가상으로 점포가 경매에 넘어가 주인이 바뀌면서 시설 투자비는 고사하고 보증금까지 떼일 위기에 처했다. A씨가 임대한 점포의 환산보증금(보증금+〈월세×100〉)이 7억 2천만 원으로 수도권 과밀 억제권역인 인천의 상가 건물 임대차 보호법 적용 한도를 크게 웃돌았기 때문이다. 중략 –연합뉴스

> 보증금 5천만 원에 월세 3백만 원짜리 점포를 임대하고, 집기 구매와 인테리어에 5천만 원을 투자했다. 그러나 건물 주인이 아들에게 점포를 내주겠다며 가게를 비워줄 것을 요구하면서 B씨는 당장 거리로 나앉게 됐다. 권리금과 시설 투자비를 날리게 된 B씨는 집주인이 보증금 5천만 원도 주지 않을까 전전긍긍이다. B씨의 환산보증금이 상가 건물 임대차 보호법 적용 대상인 3억 원을 넘기 때문이다. 중략 –연합뉴스

상가 임차시 2개 정도로 상가가 압축되었을 경우 임대인의 가족 현황, 직업 등을 부동산 사장을 통해 넌지시 알아보는 것도 좋겠다. 임대인의 자녀가 백수이거나 본인이 개업하려는 업종과 유사한 업종의 종사자일 경우 그렇지 않은 상가 쪽으로 결정하는 것이 바람직하다.

09
철새 부동산의 행태

 아궁이에 가마솥밥을 지어본 적 있나요? 먼저 잘 불린 쌀과 밥물을 솥에 넣고 아궁이에 잔솔가지를 잔뜩 넣어 불을 붙이면 활활 타오른다. 불이 꺼지기 전에 굵은 장작을 차곡차곡 넣으면 시간이 지나면서 밥냄새가 솔솔 올라오고, 이때 장작들을 빼낸다. 화력을 줄여 밥을 태우지 않고 뜸을 들이는 것이다. 그래야 맛있는 밥과 구수한 누룽지가 나온다.

 얼마 전 대한민국 부동산 시장에서 활활 타고있는 세종특별자치시에 대해서 이야기하고자 밥짓는 이야기부터 하게 되었다. 세종시의 2012년 평균 땅값 상승률이 5.8%라고 하는데 전국 평균은 0.98%이다. 1년 동안의 평균 땅값 상승률이 6% 정도라고 하면, 입지 조건이 나름 괜찮은 토지의 경우는 2배이상 올랐다는 얘기다. 쉽게 말하면 그전에는 2차선 옆의 계획관리 임야나 전답의 시세가 80만 원 정도 였다면 지금은 170~200만 원 정도의 매도 시세가 형성되어 있다는 것이다. 아파트의 경우도 마찬가지다. 전세값의 상승은 한달에 5천만 원 오르는 것은 기본이고, 분양권에도 수천만 원의 프리미엄이 붙었다고 한다. 정부청사에서 승용차로 10여분 정도의 지역에는 원룸 위주의 다가구 건물이 우후죽순으로 건축되었고 지금도 계속 건축중이다. 최소한의 주택마저 공급이 완료되지 않은 시점에 정부부처의 이동으로 인하여 수요자가 몰리니 사실 매우 당연한 현상이다. 이에 덩달아 매스컴에서 세종시 부동산 관련 보도가 연일 나오고, 과거 부동산 과열 현상에서 본 것처럼 여기에 투자만 하면 한몫 잡겠다는 사람들이 속속 세종시로 모여들고 있다. 걱정스러운 부분은 이러한 위험한 환상에 젖어 지금이 아니면 안된다는 생각에 덜컥 투자를 하는 분들이 세종시로 모여들고 있다는 점이다. 여기에 세종시가 대어를 낚을 수 있는 블루오션이구나 라고 생각한 부동산 사장들까지 속속 가세하고 있다.

아파트부터 보자면 지금 프리미엄을 붙여 매도하려는 사람들은 어떤 생각을 가지고 있을까? 지금 분위기라면 프리미엄이 더 올라갈 수도 있을 것 같은데 왜 팔려고 할까? 먼저 들어온 이 사람들은 지금의 분위기가 정상이 아닌 과열의 근처에 있다고 판단하고 있기 때문이다. 세종시가 행정복합 기능의 자족 도시가 되려면 지금부터 최소 15년은 족히 걸릴 것이다. 서울이나 과천에서의 이주가 끝나고 자리를 잡기 시작하면 거품이 빠지게 된다. 더 이상 지금의 가격보다 더 비싸게 사줄 사람이 없어진다는 이야기이다. 지금의 세종시 상황은 정상적인 시장 상황이 아니기에 거품이 빠지는 속도가 더 빨라질 수도 있다.

사실 위에서 열거한 내용은 부동산 관련 전문가가 아니더라도 과거 부동산 과열 시대의 학습으로 인해 누구든지 짐작해 볼 수 있는 내용이다. 필자가 하고 싶은 말은 철새 부동산 사장들의 행태다. 이들은 흥분한 투자자들의 마음을 이용하여 한몫 챙겨서 뒤도 돌아보지 않고 떠나버린다. 세종시의 중개업소는 2009년 113개, 2010년 198개, 2012년 375개, 2013년 400개를 돌파하여 폭발적으로 증가했다. 이중 상당수의 중개업소는 수도권에서 이전하여 개업한 경우로 일부는 소위 말하는 '떴다방'이라고 할 수 있다. 예전에는 차량 등을 이용하여 불법으로 중개하는 이들을 떴다방이라 했지만 지금은 달라졌다. 정식으로 이전 등록을 하고 사무실을 임차하여 영업을 하기에 일반인은 구별하기가 어렵다. 이런 업소의 특징은 활황 장세에서 반짝 영업을 행하고, 다른 부동산 사장에게 자기들이 벌려놓았던 설거지를 하게 하면서 권리금이라는 명목으로 돈까지 받아 유유히 떠난다. 이렇듯 해당 지역의 부동산 시장을 교란시키며 영업을 했기에 투자자는 물론이고 여러 피해자가 발생한다. 아래의 내용은 기사 일부를 발췌한 것이다.

> 중앙행정기관의 세종청사 이전으로 세종시 일대의 주택난이 심화되고 전셋값이 치솟는 가운데 지역 부동산 중개업자들이 '공정거래질서 확립과 자정'을 결의하고 나서 눈길을 끌고 있다. 9일 세종시와 행정중심복합도시건설청에 따르면 한솔동 첫마을 아파트 내 90여개 부동산 중개업자들의 모임인 '세종시 부동산 중개업자 연합회(회장 양동철)'는 최근 공정한 부동산 거래질서 확립과 혼탁한 중개시장 근절을 위한

결의문을 채택했다. 연합회는 결의문에서 "기획부동산, 불법 분양대행업자, 무등록 중개업자를 추방해 올바른 부동산 거래 질서를 확립하고 선진적인 중개문화 정착을 위해 노력하겠다"고 다짐했다. 또 "공무원들의 주거문화 안정을 위해 법정 수수료를 초과해 받지 않고 혼탁한 부동산 중개시장 근절을 위해 자정 활동을 펼쳐나가겠다"고 밝혔다. 양동철 회장은 "아파트 물량이 절대적으로 부족한데다 전셋값도 크게 오르다보니 세종시로 이전한 중앙행정기관 공무원들의 부담이 이만저만이 아닐 것"이라며 "적어도 세종시에서만큼은 부동산 중개업자들이 장난해서 전셋값이 올랐다는 지적을 받지는 않도록 최대한 노력하겠다"고 약속했다.

"

철새 부동산의 증가는 시장 혼탁의 시작을 알리는 것이다. 기존의 터줏대감 부동산과 철새 부동산과의 피말리는 경쟁이 시작되고, 이 와중에 속속 입성하는 흥분한 투자자들은 바가지를 쓰게 된다. 부동산 시장에 있어 중개업소의 빠른 증가세는 뭔가 거래가 활발하다고 느끼게 하는 나침반이 될 수 있지만, 그것이 과열되어 급상승하는 곳이라면 이미 투자처로써는 위험한 지역임을 나타내는 경고로 보는 것이 옳다. 위의 기사처럼 자정 결의문까지 나왔다면 답은 나온 것이다.

10
억대의 보증금 사기

임대차 관련 사기 사건에서 보증금을 한꺼번에 날리는 경우는 다음과 같다. 부동산이 임대인이 모르게 임차인과의 전세 계약을 진행(이 경우 임대인이 해외에 있거나 부재중이라고 함)하고, 다시 임대인과 월세 계약을 맺는다. 여기서 일정 기간 임대인에게 단기간 월세를 임대인에게 착실하게 송금하고 낌새를 알아채지 못하도록 한 후 전세 보증금을 중간에 꿀꺽 먹어버리고 도주한다.

이런 사기 사건이 발생하게 되면 1차적으로 전재산이나 다름없는 세입자의 보증금을 전부 날리게 된다. 또한 명의를 도용 당한 임대인에게도 경제적인 피해와 정신적인 고통을 안겨주게 된다. 왜냐하면 임대인 또한 점유를 하고 있는 딱한 처지의 세입자를 내보내야 하기에 인정상 쉬운 일이 아니며 일정기간 거주할 수 있기 때문이다. 그리고 대다수의 임대인 역시 부자가 아니라 월세를 받아 생활하는 경우가 많아, 월세를 놓는 조건으로 부동산에게 위임을 한 위임장이나 도장을 이용한 사건이기에 시시비비의 해명을 위하여 많은 노력을 기울여야 한다. 임차인이나 임대인 모두 이 과정에서 말할 수 없는 고통을 겪게 되기도 한다. 언론에 나온 기사를 보자.

> "오피스텔 월세를 전세로 전환해주겠다"는 40대 여성 공인중개사의 말에 속아 신혼부부와 대학생 등 세입자 30여명이 전세금 10여억 원을 날린 사실이 알려지면서 시민들의 각별한 주의가 요구된다. 인천지검 형사5부(부장검사 조호경)는 허위 임대차 계약서를 작성해 세입자들로부터 거액의 전세금을 받아 가로챈 혐의(사기, 사문서 위조, 위조사문서 행사)로 공인중개사 A(45·여)씨를 구속 기소했다고 11일 밝혔다.
>
> 검찰에 따르면 A씨는 지난 2007~2010년 인천 계양구 B 오피스텔에서 강남부동산 공인중개사 사무소라는 상호로 부동산 중개업을 하면서 B 오피스텔의 세입자 31명을 상대로 월세를 전세로 전환해주겠다고 속여 전세금 12억 원을 받아 가로챈 혐의를 받고 있다.
>
> 당시 집주인들로부터 월세 임대차 계약의 체결에 관한 업무를 위임받았던 A씨는 세입자들과 전세 임대차 계약을 맺고, 이중 계약서를 작성하는 수법으로 집주인과 세입자들을 감쪽같이 속였다.
>
> A씨는 또 집주인과 세입자들이 눈치 채지 못하게 세입자들로부터 전

> 세금을 받은 뒤 집주인에게는 월세 보증금과 월세를 입금하고, 수개월에 걸쳐 '돌려막기 식'으로 월세를 집주인에게 지불한 것으로 조사됐다. -인천일보

이렇게 알면서도 당하는 것은 왜일까? 임차인의 입장에서 괜찮은 물건에 대한 조급함 때문이며, 설마 이 사람이 나를 어떻게 하겠어? 라는 점이다. 사실 사기꾼들은 정확히 이 지점을 노리고 파고든다. "지금 안 하면 다른 사람이 계약한다.", "정말 좋은 기회다. 시세에 비해 20%나 저렴하다.", "임대인이 해외에 있는데 우리에게 관리를 맡기고 있어 저렴하다." 등으로 유혹한다.

임대인들은 그동안 믿고 거래한 부동산에 위임을 했더라도 임차인과 인사도 나눌 겸해서 최초 계약에 대한 내용을 전화에서라도 이야기하는 것이 좋으며, 한 달에 한 번쯤은 임차인과의 통화 등을 하는 것이 좋다. 그리고 계약시에는 임대인, 임차인, 부동산 사장(공인중개사)이 항상 함께 해야 하며, 부득이한 사정으로 그렇게 하기 어렵다면 최소한 중도금이나 잔금시에는 모두 모여야 한다. 또한 계약금, 중도금, 잔금 등 금원의 지급과 관련한 모든 것은 반드시 임대인 명의의 계좌로 송금해야 하며, 임대인 역시 자신의 계좌로 송금을 받아야 나중에 혹시 있을지 모르는 불미스러운 상황을 예방할 수 있다.

11
부동산 가격을 올리는 직원

수도권 외곽 지역에 있다보니 큰 공장이나 건물 또는 향후 투자성을 보고 기업체에서 문의를 많이 해온다. 대기업 같은 경우는 드물고, 주로 자금력 있는 중소규모의 기업체가 많다. 이들이 찾는 물건은 제법 덩치가 있고, 최소 십억에서 수십억 원을 호가하는 물건이라서 부동산 사장 입장에서는 돈을 만질 수 있는 흔치 않은 기회이기도 하다. 그래서 열일을 제쳐 두고 이 작업에 매달린다. 왜냐하면 계약 성공시 억대의 수수료를 받을 수 있기 때문이다. 하지만 성사가 되지 않는다면 이 계약에 열중한 나머지 몇 개월은 등한시 한 다른 손님들 때문에 1년 농사를 망치기도 하는 중요한 순간이기도 하다.

먼저 해당 기업체의 과장이 찾아와 물건을 의뢰한다. 면담 후 현장 답사를 진행하고, 부동산 및 관련 자료를 만들어 회사로 서류를 보내게 된다. 그러면 십중팔구 서류에 대한 보완 작업 지시가 떨어지고, 과장과 통화 후 서류를 완벽하게 준비하기 위한 작업에 들어간다. 그리고 얼마 후 과장의 상사인 부장이 함께 찾아와서 현장을 답사하고, 준비한 서류를 검토한 후 다시 보완 작업에 들어가면서 앞서 했던 작업을 동일하게 반복한다. 여기서 그동안 새롭게 나온 시장의 물건과 다양한 관련 데이터를 정리하여 다시 회사로 보낸다. 이제 부장을 거쳐 갔기에 임원급의 신중한 결재 라인 때문인지 응답 시간이 제법 길어진다. 그리고 다시 얼마 후 이사라는 분이 부장과 함께 찾아온다.

보통 이 시기에 등장하는 이사는 사장님의 오른팔이며, 사장님의 의사 결정에 결정적인 역할을 하게 된다고 으름장을 놓는다. 다시 그동안 변경된 사항과 새로운 부동산 물건을 보여주면서 하나 혹은 두 개의 물건으로 압축된다. 본격적인 가격 협상의 시간이 되면서 가격에 대한 오더가 내려온다. 우선 이사가 사장님 결재는 알아서 할테니 만족할만한 가격이 되어야 한다며 자신이 결정한 가격까지 맞추어 달라고 말한다. 부동산 사장은 열심히 매도인을 설득하여 이사가 원한 87억 원에 가격을 맞추었다면 이때부터가 새로운 일거리이며 만약 여기서 조율을 잘못하면 계약은 물 건너 가 버린다. 부동산 가격 조율이 끝나고 계약을 하기 전에 자신의 수수료를 챙겨달라고 말한다. 이 정도 부동산 가격이면 보통 5천에서 1억 정도를 요구한다.

매도인과 부동산이 협의를 거쳐 88억 원으로 다시 조정하고, 관련 서류를 이사에게 보내 최종 가격이 88억 원이라고 결정한다. 그리고 잔금 완료 후 매도인은 1억 원을 부동산을 거쳐 주게 된다. 간혹 이사는 자기 아래 사람들도 챙겨줘야 하니 2억까지도 요구하는 경우도 있다. 물론 경험 많은 부동산 사장들은 이런 상황을 미리 예상하고 준비를 하기도 한다.

이렇게 믿고 맡긴 직원들이 부동산 가격의 거품을 만든다. 여기서 가격 및 리베이트 등 모든 것이 완료되었지만 정작 사장님이 'NO'하는 경우도 많다. 보통 이런 작업은 수개월 이상이 걸리기에 그동안의 시간, 술값, 밥값에 한동안 멘붕에 빠지게 된다. 그래도 이 정도는 양반이다. 실컷 소개하고 공을 들여 작업을 했는데, 매수인의 회사에서 갑자기 계획 변경 등의 이유로 일정 시간을 요구하는 경우가 있다. 물론 부동산 물건이 마음에 드니 반드시 계약하겠다며 말한다. 하지만 얼마의 시간이 지나 일이 벌어지게 된다. 부동산을 제쳐 놓고 직접 지주와 계약을 하는 경우다.

이럴 때 열이면 열 모두가 하는 변명의 말이 있다. "다른 부서 라인에서 먼저 작업을 해서 나도 몰랐다.", "사장님이 다른 외부 인력을 통해 시켰다." 등 법정 싸움을 통하여 어느 정도의 보상을 요구할 수도 있겠지만 매도인의 협조가 없을 경우 거의 불가능하다. 이미 계약을 치룬 매도인이 성가신 일에 나설 이유도 없고, 부동산 전속 계약 약정이나 매수 의뢰서 등 절차상 보완을 해놓았다면 모르겠지만 현장에서 공인중개사를 위한 안전 장치를 손님들에게 요구하는 것이 쉽지는 않기에 물러날 수밖에 없다.

4

계약하기 전에
내 편으로

01
간판을 믿지 않는다

부동산 간판을 보면 장소를 불문하고 아파트, 토지, 택지, 창고, 전원 주택 전문 등이라고 걸려 있다. 음식점과 마찬가지로 주방장이 자신 있고 그 음식을 찾는 메인 메뉴가 있는 것처럼 부동산 사무실도 마찬가지다. 간판은 간판일 뿐이고 부동산 물건 종류에 따라 부동산 사장들의 전공 분야가 따로 있다. 예를 들어 잘 아는 부동산 사장이 아파트 전문이라면 그 사장 역시 공장 매물에 대한 정보는 공장이나 창고 전문 부동산 사장에게 의뢰를 하기 때문에 그렇다. 그래서 지역을 살피고, 내가 찾고자 하는 물건의 종류와 목적에 따라 만나야 할 부동산 사장도 달려져야 한다는 것이다. 여러 종류의 부동산을 단지 부동산, 택지 부동산, 상가 오피스텔 부동산, 외곽 부동산 중개소로 나눌 수 있다. 이렇게 나누어진 이유는 현직에 종사하는 부동산 중개업자들이 자연스레 구역을 정한 것이지만 실제로 그 구역

내에서 영업 활동을 하다보면 그 지역의 물건 위주로 전문가가 될 수밖에 없기 때문이다. 중요한 것은 이렇게 나누어진 부동산에 따라 부동산 사장들의 업무 능력 및 부동산의 특징 등을 파악할 수 있어 거래 성사에 도움이 될 수 있다는 점이다.

단지 부동산은 아파트 등 대단지의 상가에 위치한 부동산이다. 주로 자기가 속한 아파트 단지를 기반으로 중점적으로 중개업을 한다. 여러 업소들이 줄줄이 붙어 있기에 상호 경쟁 및 견제가 상당히 심하다고 할 수 있다. 간혹 여러분들이 방문했을 때 음식 냄새를 풍기면서 식사 중이더라도 양해를 해주어야 한다. 왜냐하면 다닥다닥 붙어있기에 점심시간에 자리를 비우면 바로 옆집으로 손님이 가버리기 때문이다. 임대료가 비싼편이며 아파트 경기가 좋을 때에는 권리금만 억대를 호가하기도 한다. 그만큼 안정적인 물건과 손님의 유동성이 보장되기 때문이다.

여기서 중요한 점은 5~6개의 부동산 중에서도 코너와 중심에서 약간 떨어진 곳의 부동산 간에 빈부 격차가 있다라는 점이다. 그래서 집을 전세로 내놓거나 임대를 구할 경우 굉장히 바쁘게 돌아가고 있는 부동산이 오히려 당신에게 성의없는 부동산으로 느끼게 하거나 매매 위주의 수수료가 많은 손님만을 중요시 한다는 생각을 가지게 할 수 있다. 그렇기에 손님의 입장에서는 단지내 한가한 부동산으로 가서 대우를 받으면서 소개를 받는 것이 오히려 득이 될 수 있다.

사실 아파트 300~400세대당 한 개의 중개업소가 적당하지만 현실은 세대수에 비하여 중개업소가 넘쳐난다. 아파트 가격이 많이 하락한 지금은 매매 계약 체결도 힘들고 대부분이 전, 월세를 맞춰서 유지를 한다. 다른 구역의 부동산보다 높은 임대료와 최소한 두명이 운영을 해야 하기에 단지내 부동산 사장이나 실장님들은 수수료에 매우 예민(혹시 손님이 수수료를 심하게 깎지나 않을까)하기 때문에 계약시 수수료 협상에서 유리한 상황으로 가려면 계약 직전에 부동산 사장에게 반드시 계약한다는 믿음을 보여주면 어느 정도의 수수료를 절감할 수 있다.

택지 부동산은 주로 아파트 단지 근처의 약간 외곽에서 상가 주택이나 다가구, 단독 주택이 혼재한 지역에 위치한 부동산이다. 이곳 부동산은 원룸, 투룸, 1층 상가 등의 임대와 다가구 건물 매매, 택지 매매 등을 주로 한다. 여기 부동산 사장들의 특징은 본인이 직접 부지런하게 지역을 돌아다니면서 영업 활동을 한다. 여기서 부지런히 영업한다는 것은 매수자가 아닌 매도자의 입장이다. 주택과 관련한 가격 정보, 투자 포인트, 건축, 인테리어, 택지 뿐만 아니라 부동산 담보 대출 관해서는 어느 부동산보다 정보의 우위에 있다. 단지 부동산과 비교해보면 확연하게 드러난다. 단지 부동산 사장들은 비교적 아파트라는 안정적인 물건을 배후로 영업을 하기에 아파트 이외의 부동산 정보나 영업 활동 범위에서 다소 한정적인 부분이 있다. 그렇기에 택지 부동산 사장들의 성향은 다소 공격적이고 화통한 성격이 비교적 많다. 이런 부동산 사장들과 편하게 지내다보면 부동산 정보망에 올라와 있지 않은 저가의 따끈한 경매 직전의 물건 정보를 알게 되는 횡재도 얻게 된다.

상가, 오피스텔 부동산도 단지 부동산과 마찬가지로 어떤 지역의 중심지다. 상가, 사무실, 오피스텔의 임대나 매매를 위주로 영업 활동을 한다.

때로는 상가 권리금 작업을 해야 큰 수익을 올릴 수 있기에 가끔은 무리한 영업을 하기도 한다.

특히 상가 위주로 매물을 가지고 있는 부동산 사장들은 권리금에서 수수료의 몇 십배가 넘는 이문을 남기기 때문에 상가가 가지고 있는 정확한 정보를 숨긴채 왜곡된 정보를 제공하는 동시에 손님을 현혹시키기 위하여 현재 상가를 운영하고 있는 업소 사장과 긴밀한 관계를 유지하기도 한다. 왜곡된 정보를 간단히 설명하자면 월매출 3천만 원이 실제임에도 불구하고 5천만 원으로 둔갑시키는 경우이다. 상가 업소 사장들과의 긴밀한 관계 때문인지 상가 부동산에서 근무하는 실장 중에는 여자보다는 남자가 많다. 술도 한잔 먹고, 노래도 부르는 등 심야까지도 영업 활동을 해야 하기 때문이다.

그리고 오피스텔 1층에 있는 부동산의 경우 부동산 사장들보다 여자 실장들의 파워가 대단하다. 왜냐하면 급여 체계가 기본급은 작고, 수수료로 본인들의 인센티브를 가져가기 때문이다. 심지어는 수수료 책정 자체를 실장이 결정하고 사장에게는 보고가 아닌 통보만 해주는 경우도 다반사다. 물건 또한 부동산 실장이 움직이면 오피스텔 주인도 실장을 따라 간다. 이렇게 여자 실장의 파워가 대단하기 때문에 공동 전산망에 물건을 올리지 않는 자신만의 물건을 가지고 있는 경우가 많다. 따라서 1~2곳만 가보고 요즘 경기가 이래서 물건이 이것만 있어요, 없어요! 라는 말을 믿어서는 안 된다. 단지 부동산과는 유사한 듯 하지만 분명히 다르므로 여러 곳의 부동산을 방문해서 물건을 소개받아야 한다.

외곽 부동산을 업자들끼리는 '변두리'라고 한다. 어느 지역의 초입이나 그 지역에서 농지, 공장, 창고, 근린상가, 전원 및 농가주택 등이 혼재한 곳에 자리한 부동산이다. 아마 수도권 외곽 도시 초입이나 국도변 근처에 '왜 저런 곳에 부동산이 있지?' 하고 의문을 갖는 부동산이라고 할 수 있다. 가끔 이런 부동산을 방문하면 문이 닫혀 있는 경우가 많은데 폐업이 아니라 영업 활동으로 대부분 문을 닫아 놓은 경우가 많다.

여기서도 좋은 목은 존재하지만 목보다는 어느 정도 거리를 두고 독특한 영업 활동을 한다. 주로 사업(공장)용 건물의 매매, 임대, 토지매매, 전원주택을 취급한다. 임대차 계약보다는 1년내내 놀다가 매매 한 건으로 억대의 돈을 벌 수 있기에 남들이 보기에 가장 여유로운(?) 부동산 사장들이다. 하지만 부동산 거래 과정의 투명성과 과세 강화, 경기침체 등으로 예전만은 못하다. 그래도 공장이나 토지 매매의 경우 수수료가 높고, 단지나 중심 상가의 부동산과는 달리 상호견제 등이 덜하기에 생각보다 부동산 베테랑들이 많다.

외곽 부동산 사장들의 특징은 토지를 많이 가진 지주나 큰 규모의 공장 주인들, 지역 토박이나 이장님들과의 친목 교류가 영업 전략에 상당히 중요한 포인트로 작용한다. 왜냐하면 식사나 술 자리에서 다른 업자들과는 차별화된 정보를 받거나 그동안 알고 지낸 기간이 있기 때문에 일정 시간 동안 물건에 대한 독점적인 지위를 가질 수 있기 때문이다. 그렇기 때문에 가만히 앉아서 서울 등 대도시의 부동산 사장들이 데리고 오는 손님들과 연결시켜 큰 돈을 벌게 되는 경우도 제법 있다. 그리고 특이한 것은 이런 외곽 부동산 사장들 중에서 유독 미인이거나 성격이 활달한 여자 실장들이 있는데 남자 실장이나 사장들보다 실적이 월등히 좋기도 하다.

앞서 설명한 대로 지역 유지 어르신들이 그들을 딸이나 손녀처럼 이뻐

하기 때문에 물건 정보를 자연스럽게 주게 되고, 가격 협상도 관대하게 받아들이는 경우가 많기 때문이다. 만약 당신이 외곽 부동산의 문을 열었을 때 성격이 쾌활한 여자 실장이나 미모의 사장이 반겨준다면 우선은 그 지역의 좋은 물건을 소개받을 확률에 성큼 다가서게 된 것이라고 말씀드리고 싶다.

02
허위 매물의 진실

　　　　　　　인터넷의 발달은 부동산 중개 현장에도 많은 변화를 가져왔다. 부동산 사장들만이 가지고 있던 정보를 누구든지 볼 수 있고 활용할 수 있게 되었다. 과거에는 생활 정보지(벼룩시장, 교차로 등)를 통해 부동산 물건을 홍보했고, 그 나름대로 효과가 좋았다. 과거보다 못하지만 아직까지도 생활정보지를 통해 물건 홍보를 하고 있다.

　그리고 등장한 것이 부동산 정보 사이트(부동산114, 부동산뱅크 등)이다. 각 부동산과 광고계약을 체결하고, 그 사이트에서 만들어준 홈페이지를 통하여 네이버 등의 대형 포털로 부동산 물건을 홍보하는 방식이다. 하지만 지금은 이런 부동산 정보 사이트를 거치는 것보다 바로 대형 포털과 부동산 간의 광고 계약을 통하여 부동산 물건을 많이 홍보하고 있다.

그렇다면 부동산 사장들이 어떻게 부동산 물건을 홍보하는지 살펴보자.

지주나 매도인에게 받은(단, 다른 부동산으로 물건을 내놓지 않은 경우) 확실하고 좋은 부동산 물건은 광고의 필요성이 없기에 다른 부동산이 눈치채지 않게 조용히 가지고 있는다. 빠른 계약 체결을 위해 더 알려야 하지 않을까 라고 생각하는 것이 일반적일 것인데 왜 그럴까?

좋은 물건은 홍보되는 순간 소비자뿐만 아니라 다른 부동산 사장들에게 먹잇감이 되기 때문이다. 결국 좋은 물건은 쉽게 홍보되지 않고 조용히 거래된다. 그래서 일선의 여러 부동산을 방문해야지만 내가 원하는 물건을 찾을 수 있다.

그렇다면 부동산 사장들은 어떤 물건을 광고하나?

대다수의 중개업소가 보유한 물건 중에 괜찮은 물건은 부동산 광고에 바로 올리지 않는다. 온동네 다 아는 물건이나 급매일 때 또는 매도인이나 지주가 여러 부동산에 제공한 물건일 경우에 부동산 광고를 많이 활용한다. 이처럼 부동산 물건 광고는 무조건 하는 것이 아니라 부동산 사장들의 전략적인 판단하에 활용한다는 점을 알 수 있다. 내가 알고 있는 물건을 다른 여러 부동산에서 광고를 올렸을 경우 나도 해당 물건 광고를 하게 된다. 알다시피 동일한 물건을 광고할 경우 보편적인 정보 위주이며, 가격 조정 범위 등 손님이 가장 궁금해하는 정보는 가급적 광고에 올리지 않는다. 결국 일반적인 정보만을 가지고 있는 하나의 광고 물건이 마치 재생산된 것처럼 여러 물건으로 바뀌게 되는 속칭 다량의 낚시성 매물로 전락하게 된다.

"안녕하세요!"

"어제 통화했던 전원 주택 찾았던 사람이에요."

"아~어서오세요. 그렇지 않아도 몇 개 괜찮은 걸로 준비했습니다."

"근데 사장님 제가 광고에서 괜찮은 물건을 출력해왔는데, 이것들도 볼 수 있나요?"

"물론이죠. 제가 한번 보죠."

인터넷 광고에서 추린 10건의 전원 주택 물건 중 가본 곳은 단 두 곳이었다. 이 두 곳은 미리 부동산 사장이 준비한 물건 중에 포함되어 있었다. 나머지 8건은 어떻게 되었을까?

손님이 원하는 대중교통에 부적합한 위치 1건, 단지형이 아닌 나홀로 외진 곳 1건, 매매였지만 얼마 전 세입자가 입주한 집 1건, 이미 거래된 물건 1건, 동일한 물건 3건, 외부와 달리 내부가 엉망인 집 1건이었다. 손님이 10건을 추려서 출력하기까지 많은 시간을 할애했지만 부동산 사장은 10건의 주택을 정리하는데 불과 5분 밖에 걸리지 않았다. 보통 손님이 10건을 준비해오면 실제로 답사를 가는 경우는 잘해야 1~2건 정도이다. 그런데 그 10건을 부동산 사장이 어떻게 다 알고 있었을까? 대부분의 부동산은 전용의 공동 전산망을 이용하고 있기 때문이다. 해당 지역 내에서는 이것만큼 정확한 정보가 없다. 설령 공동 전산망에서 어떤 부동산이 허위나 과장하여 물건을 올렸어도 전화 한두 통이면 금방 알 수 있다.

인터넷을 통하여 물건을 알아보고 해당 지역의 부동산과 약속을 정할 때 가장 좋은 방법은 10건을 올린 부동산 전부와 약속을 할 필요가 없다. 전화 상담 중 믿음이 가는 부동산을 통하여 1차로 거른 후에 그 부동산을 통하여 나머지를 확인하는 것이 효율적이다. 인터넷 광고는 광고 외적으로 보이지 않은 것들을 알 수 없기에 참고로만 활용하는 것이 좋다.

이처럼 해당 부동산에 전화 통화 후 실제 현장으로 가보면 사진과 영 딴판이거나 누군가 계약을 체결했거나 아니면 이미 소진된 물건이지만 사진이 너무 예뻐 광고용으로만 올린 경우도 제법된다. 이런 매물 광고는 원룸, 오피스텔, 투룸 등의 주거용 부동산에서 많이 발생한다. 이렇듯 실제와 다른 광고 매물을 피하기는 불가능에 가깝지만 조금이나마 줄일 수 있는 방법이 있다.

먼저 광고를 보면 무슨 무슨 인터넷 사이트를 보고 전화를 했다고 하면 '더욱 친절하게 설명해 드립니다.' 라는 문구를 본 적이 있을 것이다. 이런 말 하지 않아도 친절한 곳은 친절하고 불친절한 곳은 불친절하다. 오히려 인터넷 사이트 광고를 보고 전화했다고 미리 말하고 문의를 하면 그 물건이 허위 매물이거나 실제와 다른 내용의 물건이라도 부동산은 거기에 맞춰 대화를 풀어나간다. 차라리 인터넷 사이트에서 봤다는 말을 하지 않고 인터넷에 살펴본 기본적인 정보를 바탕으로 부동산 사장에게 문의하는 것이 좋다. 이유는 구체적인 질문을 통해 광고에 없는 정확한 시세와 물건 정보를 들을 수 있기 때문이다. 특히 전화 통화 중 해당 지역을 잘 알고 있더라도 즉 입이 근질근질 하더라도 말을 아끼면서 듣는 편이 좋다. 부동산 사장들은 손님이 해당 지역에 대해 잘 알고 있다고 생각되면 오히려 말을 아끼고 손님에게 꼭 필요한 최소한의 말만 하게 되는 경우가 있다.

이렇듯 인터넷 사이트의 부동산 광고 매물 중 허위 매물은 많이 줄어들고 있지만 손님이 원하는 다양하고 올바른 부동산 정보가 아닌 단순 정보의 나열 수준에서 벗어나지 못하고 있는 것이 현실이다.

전화 통화 후 해당 부동산에게 물건의 등기부등본을 비롯한 관련 서류를 팩스로 요청할 경우 그에 대응해서 서류를 보내준다면 그 부동산 사장과 물건은 어느 정도 믿을만한 것이다. 그리고 어제도 오늘도 계속 보아온 광고 물건인데도 오늘 날짜로 갱신이 되어 NEW, HOT 등의 이름표를 달고 반짝이고 있는 신상을 가장한 재고가 있다. 이것은 신상이 아닌 확률이 99%이다. 나에게도 좋으면 당연히 남에게도 좋은 것인데 허구한 날 광고에 올라와 있다는 것은 말이 되지 않는다. 낚시 매물이거나 해당 부동산이 광고 물건에 대하여 임대 및 매매 완료 유무 등의 체크 관리를 전혀 하지 않아서이다.

03
고객 탐색전

부동산 불황기에는 아무리 매수인이 왕이라고 하지만 부동산 사장들은 처음 방문한 손님에게 바로 좋은 물건을 내놓지 않는다. 매수인의 입장에서는 황당한 이야기겠지만 그게 사실이다. 처음 방문한 매수인에게 부동산 사장들이 가지고 있는 비장의 물건을 보여줄리 만무하다. 왜냐하면 매수인이 구매할 의사가 어느 정도 확실한 것인지 정보만을 캐어가는 것인지 확인할 시간이 필요하기 때문이다. 솔직히 말해 손님을 가장한 다른 부동산의 직원일 수도 있고, 이미 다른 부동산과 어떠한 물건에 대해서 알고 있는 상태에서 모르는 척 부동산 사장들에게 검증만 하려는 경우가 많기 때문이다. 처음 방문한 입장에서 매수인은 그 지역의 공동 전산망에 올라와 있는 물건의 정보 정도 즉 일반적이고 개략적인 정보만을 얻을 수 있다. 그렇다면 여러 번을 방문하지 않고, 한 번의 방문으로 원하는 물건 정보를 얻는 방법은 없을까?

먼저 매수인은 전화를 이용해서 해당 지역의 여러 부동산에 문의를 한다. 그중 서로 통화를 하다보면 비교적 꼼꼼하게 장단점까지 친절하게 소개하는 부동산이 반드시 하나 정도는 나온다. 그럴 경우 매수인도 좀 더 구체적인 정보를 제공하면 부동산 사장들의 마음이 움직이기 시작한다. 그리고 전화 말미에 약간의 여유를 주고, 정확한 날짜와 시간을 잡는다. 여기서 중요한 것은 시간적인 여유다. 이것은 전화상에서 호감도를 보였기에 부동산 사장이 매수인이 방문할 것을 고려하여 물건 브리핑에 필요한 자료를 준비하기 위한 시간이다. 이미 사전 유선 접촉을 통하여 1차 유대감을 형성한 것이라고 봐도 좋다. 그리고 약속된 날짜에 해당 부동산으로 음료수라도 들고 방문하면 상황은 매우 달라진다. 그동안 '부동산 사장들은 사기꾼이다'라는 인식에 시달려 왔기에 이렇게 자신을 배려주거나 부동산 전문가로 인정해주려는 손님의 작은 성의는 그 매수인에게 적합한 물건을 찾기 위해 더 발품을 팔 준비를 하게 된다.

여기서 매수인은 처음 만난 부동산 사장에게 본인의 의사를 어느 정도 확실하게 어필하는 것이 좋다. 본인 생각으로 조금씩 조금씩 정보를 캐어 좋은 물건을 싸게 사겠다는 전략으로 임한다면 부동산 사장들은 백퍼센트 눈치를 채고 그에 상응하는 전략으로 물건에 대한 정보를 쉽게 내어놓지 않는다.

매수인은 본인이 수수료를 주는 甲의 입장이고 부동산 사장은 乙이라는 인식을 내려놓고 유대감 형성과 본인의 매수 조건(금전, 시기, 규모, 위치, 목적 등)을 명확하게 하는 것이 오히려 더 유리하다. 혹 매수인이 이와 같은 자세로 부동산 사장과 물건을 찾다가 진행이 미루어지거나 계약이 불발되더라도 부동산 사장들이 오히려 미안함을 가지고 계속 노력하는 관계로 지속되면서 나중에는 전화 한 통화만으로도 정확한 부동산 정보를 제공받을 수도 있다.

하지만 반대의 경우인 매수 조건이 양파 껍질처럼 쉽게 파악할 수 없고, 유대감없이 정보만을 얻으려는 인상을 줄 경우 좋고 나쁨을 떠나 1~2건의 물건만 보는 불상사는 물론이고 관계의 발전이 만들어지지 않는다. 특히 매수인의 입장에서 내가 이 물건을 사는 주체라는 점을 반드시 부동산 사장들에게 전달되어야 한다. 마치 나는 물건만 보고 결정은 다른 사람이 한다라는 식으로 접근할 경우도 위와 동일하다.

심지어 필자의 지인인 부동산 사장 중에는 이러한 분도 있다.

부동산으로 문의 전화가 걸려오면,

"저희는 그런 물건이 없습니다." 라고 결론부터 낸다. 부동산의 경우 손님들과 계속적인 관계를 통해 많은 사람을 확보해야 하는데 왜 그렇게 답변을 하시냐고 물어보면,

"내가 부동산 경력이 몇 년인데 몇 마디만 통화하면 이 사람이 할 것인지 아닌지 답 나와!"

여러분 입장에서 황당하겠지만 의외로 부동산 사장들 중 현장에서 그렇게 대응하는 분들이 꽤 있다. 더 나아가 매수인과 부동산 사장과의 유대감

및 정보 공개가 가격에까지 영향을 끼친 경우도 많다.

모 부동산 사장이 일산에 소재한 토지를 인터넷 사이트에 광고를 한 적이 있었다. 그 토지는 부동산 사장의 주된 활동 지역이 아닌 자가용으로 20여 분 이상 가야하는 곳이기에 그 토지 주변의 부동산보다는 계약 체결의 확률이 낮다고 볼 수 있다. 그런데 모 부동산 사장은 그 토지를 6억 원에 광고를 했는데, 당시 매수인은 그 토지 주변의 부동산을 통하여 6억 5천만 원 정도의 가격에 브리핑을 받았고, 고민하던 차에 모 부동산 사장이 올린 광고를 보고 혹시 이게 그 토지인가 하고 전화를 걸었다.

매수인은 해당 토지 물건에 대해 알고 있는 정보를 오픈했지만 모 부동산 사장은 계속 경계심을 풀지 않았다. 그러나 손님의 매수 조건에 대한 설명이 명확하고 현재 어디에서 공장을 운영하며 이전 계획에 필요한 이유까지 설명하기에 이르자 모 부동산 사장도 오픈 마인드로 전환해서 부동산 지번을 공개하면서 해당 물건이 동일하다는 것을 설명했다. 알다시피 전속 매도 의뢰를 받는 등의 안전장치가 없는 한 전화로 물건을 물어보는 손님에게 정확한 지번을 공개하는 부동산은 극히 드물다. 그리고 전화 말미에 매수인이 다른 부동산에서 제시받은 가격, 6억 5천만 원을 공개했고, 모 부동산 사장은 광고 그대로 6억 원에 계약이 될 수 있음을 말했다. 그러나 최종 결론은 5억 8천만 원에 계약이 되었다.

왜 6억 원에 계약이 되지 않았을까?

부동산 사장이 매수인에 대한 신뢰, 유대감을 형성하면서 오히려 매도인을 설득해서 가격을 낮추게 된 것이다. 이런 경우는 몇 년 이상을 거래한 사람과의 관계에서만 나올 수 있는데 이 매수인의 경우 전화 한 통화로 부동산 사장에게 신뢰와 확신을 심어준 것이다.

그동안 부동산 사장들이 조금이라도 수수료를 높게 받기 위해 더 비싸게 파는 것이 아닐까 라고 생각했던 분들에게 다소 놀라운 결과로 받아들일 수 있지만 이는 현장에서 자주 일어나는 장면 중의 하나다.

04
절박하면 가격도 내려간다

매도인이 본인의 토지를 최초 6억 원에 매도를 의뢰할 경우 부동산은 그것이 적정한 가격이라고 생각한다면 그 물건은 6억 원으로 시장에 나오게 된다. 하지만 매도 의뢰를 받은 첫 번째 부동산 사장은 부동산 경기 등을 감안하여 그 물건을 5억 8천만 원으로 부동산 매물(광고 등)을 내놓게 된다.(부동산 경기가 좋을 경우에는 그 물건 가격보다 2~3천만 원 정도 상승시키기도 한다)

시간이 지나도 매수하려는 사람이 없자 매도인은 B, C 부동산에 매도 의뢰를 하게 된다. B 부동산 사장은 동일한 물건이 A 부동산에 있음을 알고 6억 원 절충가로 매물로 내놓게 된다. C 부동산 사장은 A, B 부동산에서 내놓은 금액을 확인하고 최저가인 5억 7천만 원에 매물을 내놓게 된다.

그러던 중 매수인이 A, B, C 부동산을 방문하면서 동일한 물건임을 확인하고, 며칠 후 가장 저렴한 C 부동산과 계약을 결심하고 있던 차에 A 부동산 사장의 전화를 받고 가장 저렴한 C 부동산과 계약하지 않고 A 부동산과 계약하게 되었다.

어떻게 된 영문일까?

매도인이 가장 친분이 있는 A 부동산 사장에게 매도 의뢰를 했고, 사실 C 부동산 보다 높은 가격임에도 불구하고 계약을 하게 된 이유는 A 부동산 사장의 촉이었다. 이유인즉 매수인이 구매 의사가 높은데도 불구하고 연락이 없자 A 부동산 사장이 직접 전화를 걸어 상황을 파악(매수인의 목소리로 전해오는 감정 변화를 캐치)하게 되었다. 이에 손님을 놓칠 위기에 처한 A 부동산 사장은 매수인에게 무조건 가장 좋은 조건으로 맞추어 줄테니 사무실로 나오게 만들었다. 약간의 시간을 확보한 A 부동산 사장은 매도인에게 달려가서 확실한 손님이 있는 데 가격 차이가 있으니 양보를 요청했다. 이에 매도인은 C 부동산에서 제시한 5억 7천만 원도 고민하고 있는 중인데 이것보다 더 아래의 가격에 수수료까지 빼면 내가 얼마나 손해를 보느냐며 난색을 표했다. 이에 A 부동산 사장은 애초에 받기로 했던 수수료의 절반만 받겠다고 하고 다음 번 거래에도 수수료를 절반만 받겠다고 설득을 했다.

결국 매수인은 6억 원의 토지를 5억 6천 8백만 원으로 계약을 체결하게 되었다. 이 거래에서 중요한 것은 매수인 입장에서 C 부동산과 즉각 계약 체결을 하지 않은 것이 오히려 득이 되었다.(특히 부동산 불경기때에는 서두르지 말아야 한다) A 부동산 사장 입장에서는 수수료 절반이 아까운 것이 아니라 놓칠 뻔한 계약을 잡은 것이 중요하다는 점이다.

위의 거래에서 보듯 부동산 경기 상황, 토지 조건, 매도인의 급매 여부, 부동산 사장들의 입지 및 영업 전략에 따라 부동산 가격이 하락되었음을 알 수 있다. 그러나 부동산 사장들의 매도인에 대한 작업이 동시다발로 일어났을 경우 매도인은 매수인이 하나임에도 불구하고 매수자가 많은 것으로 착각하여 물건을 거두거나 가격을 올리는 경우도 있다.

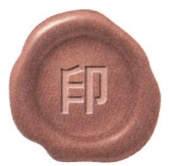

05
계약을 유도하는 심리 전술

매수인에게 최초 흥미를 일으킬만한 소재를 충분히 준비하고, 단계별로 흥미 유발을 유도하면서 마지막으로 계약까지 이끌 결정적 카운터 펀치를 준비한다. 그렇기 때문에 부동산 사장들은 모든 전략을 상담 전에 계획하고 준비한다. 큰 그림은 다음과 같이 그린다.

1. 기본인 친절과 매너로 신뢰도를 높인다.
   ⇨ 여기서 미모의 사장님 또는 실장들이 한끗 더 먹고 들어간다.
2. 물건에 대한 장점을 한 번에 설명하지 않는다.
   ⇨ 계약 성사 목전에서 왔다 갔다할 여지가 있기 때문에 결정적인 펀치는 비장의 무기로 가지고 있는다.
3. 문제되지 않을 약점을 한두 개 정도는 알려준다.

그리고 구체적인 전술은 다음과 같다.

심리 전술 1. 당신이 승리자라는 인식을 심어준다

이 기법은 경쟁자를 붙이는 전술로 매수인이 가장 쉽게 걸려드는 전술이다. 중요한 것은 이 조장술을 노련한 매수인에게는 절대 쓰지 않는다. 대개 매수자들은 경쟁자를 붙이면 순식간에 조급해지면서 공포(다른 사람에게 빼앗기게 되는)를 느끼게 된다. 그렇기에 그럭저럭 괜찮은 물건의 경우 경쟁자를 붙이면서 그 물건에 환상을 심어준다. 저 물건이 내것이 아니라 당장 다른 사람의 것이 된다고 가정해보라!

"(집 주인에게 전화가 온 것처럼 연기하며) 네에? A 부동산에서 집을 보고 갔는데 가계약부터 한다구요?"

순간 매수인들은 흔들리게 된다. 그렇다면 매도인들에게는 어떻게 할까? 매도인들의 공통된 심리는 항상 계약 직전에 부동산 경기가 좋지 않아 본인의 부동산을 너무 싸게 파는 게 아닌가 하는 고민을 하게 된다. 이때 부동산 사장은 매도인의 건물과 비슷한 물건이 많이 나와 있다라는 것을 마지막까지 계속 어필한다. 그 중에는 매수인에게 이야기는 안 했지만 매도인 물건보다 나은 것도 있다는 것을 강조하면서 시간이 얼마 없음을 강력하게 전달한다. 이것은 매도인으로 하여금 조급하게 만들면서 고민을 일시에 날려버리게 만든다. 그리고 매수인이 매도인의 물건을 향해 적극적이라는 인상을 주지 않으면서 가격을 조정한다. 여기서 노련한 부동산 사장들은 매도인 물건에 대한 흠을 잡고 흔들지 않는다. 오히려 매도인의 물건을 팔기 위해 매수인을 겨우 붙잡고 있음을 내비친다.

심리 전술 2. 깎아 줄 것처럼 말한다

부동산 계약 직전에 여러 가지 사유로 인해 불발되는 경우가 종종 발생한다. 계약 불발의 이유는 큰 문제가 아니라 사소한 것들이다. 대표적인 것이 가격에 대한 매수인과 매도인의 합의가 결정이 났음에도 불구하고 매수인이 이사 비용 등의 금액 정도를 추가로 깎아달라고 하는 경우다. 이럴 때 부동산 사장은 일단 매도인에게 말씀을 드려보겠다고는 하지만 매도인에게 다음과 같이 귀띔한다.

"혹시 계약 자리에서 이런 얘기가 나오면 해주고는 싶은데 그러지 못하는 심정으로 공손하게 거절하면 됩니다."

이런 경우 때문에 간혹 계약이 불발되기도 하지만 대부분 별탈없이 계약이 진행된다. 이유는 계약 자리가 만들어진 마당에 매수인의 마지막 요구를 부동산 사장이 매도인에게 잘 전달하고, 매도인이 정중하게 거절하면 계약서에 도장이 찍혀지고 있는 상황에서 매수인도 더 이상 어찌할 수 없다는 것을 알기 때문이다.

06
가짜 부동산 사장님

　　부동산 사장들은 보통 실제 사업을 영위하기 위해 공인중개사 자격증을 취득하여 중개업등록증, 사업자등록증, 공제증서, 수수료 요율표, 현금영수증 발급 가능 스티커 등을 손님이 쉽게 확인할 수 있도록 게시하고 있어야 한다. 그러나 과거 공인중개사 제도가 확립되기 전에는 부동산 중개업을 영위했던 사람들은 대부분 자격증없이 편법으로 운영하는 곳이 많았다. 그중 일부는 공인중개사 제도와는 달리 기존의 지역에서 계속 영업을 하는 곳도 있다. 자세히 보면 공인중개사 사무소가 아닌 중개인 사무소라는 간편을 볼 수 있다. 공인중개사 제도 실시 이전의 중개인으로 중개업을 하던 사장님들을 양성화시킨 경우다. 이 경우 다른 지역에서 중개업을 하지 못하고 기존의 지역에서만 영업이 가능하다.

　　중요한 것은 위의 경우를 제외하고 공인중개사 제도 실시 이후에 비교적 많은 곳에서 공인중개사 자격증없이 활동하고 있는 가짜 부동산 사장들이다. 그들은 보통 공인중개사 자격증을 소지한 사람에게 매월 40~50만원 정도를 지급하면서 그 사람 이름으로 등록만 한 경우다.

보통 중개 의뢰를 하고 계약이 완료되면서 잔금까지 무사히 마무리되면 손님들에게 큰 피해가 없기에 손님들은 그리 크게 신경을 쓰지는 않는다. 간혹 공인중개사 여부를 물어보더라도 출장 중이라 둘러대면 그만이기에 대충 넘어가는 경우가 많다. 문제는 중개 사고가 발생할 경우에는 얘기가 달라진다. 사고를 수습하는데 약간의 수고와 경비가 소요된다면 모를까 그렇지 않은 계약인 경우에는 사정이 틀려진다. 계약 당사자들과 중개업소간의 노력에도 불구하고 법정까지 가서 시시비비를 가릴 경우 1차적인 책임은 실제 중개 행위를 하거나 계약서 작성을 한 중개 보조원이 아닌 명의를 대여한 공인중개사에게 책임을 묻는다.

그리고 공제증서(1억)라는 것이 있는데, 일반적으로 부동산 사무실에서 손님이 계약 진행상의 어떤 하자발생에 관하여 걱정할 때 대부분의 중개업소는 사무실 벽에 걸린 1억 원의 보증 공제증서를 가르키며 무조건 안심하라며 얘기를 한다. 그러나 이러한 공제나 보증보험 증권은 근본적인 해결책이 될 수 없다. 왜냐하면 무조건 피해 보상을 해주는 것이 아니며, 1억 원이라는 한도 금액은 한 건에 대한 피해 보상이 1억 원이 아닌 보험계약 기간인 1년 중 일어난 모든 중개 사고 피해 보상금의 합계 한도가 1억 원이라는 얘기다. 또한 중개 사고 발생시 협회나 보험 회사의 법률전문가들이 판례 등을 참고하여 책임의 소재를 가리게 되며, 이때 부동산의 말만 믿고 절차에 소홀히 한 손님에게도 분명히 책임이 돌아간다. 즉 사후약방문인 공제나 보증보험이 절대적으로 손님의 편만 손을 들어 주는 구조가 아닌 것이다. 경우에 따라서는 보험 계약자인 중개업소의 관점으로 해석할 수도 있다는 점을 명심해야 한다.

또, 중개업소 내의 책임공방 소재 다툼 등으로 사고 해결이 그 즉시되지 않을뿐더러 지연되기가 일쑤다. 또한 중개사의 근무 여부, 서명 날인 등 다양한 요소로 판단하므로 그 과정이 만만치 않아 손님에게도 불리하게 적용될 수 있음을 알아야 한다. 결국 내가 알아야만 피해를 막을 수 있다. 그렇다면 국토해양부의 유권 해석은 어떻게 되어있는지 살펴보기로 한다.

Q 공인중개사가 실제 자금을 투자한 사업주와 동업을 하는 경우 중개업법상 거짓 및 부정한 방법의 중개사무소 개설 등록인가요?

A 공인중개사가 중개업 등록 요건을 갖추어 개설 등록을 하고 직접 중개 업무를 수행할 경우에는 자격증 대여에 해당하지 않음. 다만 중개업자 또는 소속 공인중개사가 아닌 자가 거래 계약서 작성 등 중개 행위를 할 경우에는 위법임. 여기서 중개업자는 공인중개사를 뜻한다. (국토부유권 해석 2008.03.31)

Q 소속 공인중개사와 중개 보조원의 다른점은요?

A 소속 공인중개사는 중개업자에 소속된 공인중개사로서 업무를 수행하거나 중개업자의 중개 업무를 보조할수 있으나 중개 보조원은 공인중개사가 아닌자로서 중개업자에 소속되어 중개 대상물에 대한 현장 안내 및 일반 서무 등 중개업자의 중개와 관련된 단순한 업무를 보조하는 자를 말한다.(공인중개사의 업무 및 부동산 거래신고에 관한 법률)

여기서 핵심은 계약서의 작성과 날인, 중개 대상물에 대한 확인 설명은 공인중개사인 중개업자가 직접 작성, 설명, 날인해야 한다는 것이다. 여러분이 계약서를 날인할 때 보면 중개업자 서명란에 중개업자와 소속 공인중개사의 날인 부분이 있음을 보았을 것이다. 즉 중개 보조원이 작성과 날인을 하는 것은 위법한 사항이며, 향후 중개 사고 발생시 여러분에게 추가적인 피해가 발생할 수 있다.

아래의 내용은 2013년 4월 17일에 나왔던 기사이다.

> 서울 동교동의 한 오피스텔에 전세로 살던 A씨는 지난해 12월 갑자기 집주인으로부터 월세를 내라는 독촉 전화를 받았다. 집주인은 "왜 월세를 내지 않느냐. 70만 원도 못 내냐"고 다그쳤다. 전세 보증금 8천만 원을 내고 들어온 A씨는 이상하게 생각해 부동산에 확인해보니 자신의 전세 계약은 위조된 것이었다.
>
> A씨는 이 오피스텔에 입주해있던 한 부동산 중개업소에서 계약을 했었다. 당시 부동산 사무실에서 만난 강모(56·여) 씨는 자신이 관리 사무실 이사이고, 부동산 실장이라고 소개했다.
>
> 강씨는 당시 "중개사가 약속이 있어 미리 계약서를 작성해 놨다"며 명함을 건넸고, 계약서에 공인중개사의 도장이 찍혀 있어 의심하지 않았다. 하지만 A씨와 같이 월세 독촉 전화를 받은 피해자들이 나타났고, 이들이 강씨를 경찰에 고소하면서 사기행각이 드러났다.
>
> 경찰에 따르면 강씨는 2002년 분양 때부터 이 오피스텔의 관리사무실 이사를 맡아 주로 외국에 거주하는 소유주들의 대금 수령 권한을 위임

받아 관리를 대행해 왔다. 강씨는 소유주가 월세로 내놓은 오피스텔을 세입자에게 전세로 소개한 뒤 보증금을 빼돌리고 소유주에게는 자신이 직접 월세를 입금했다. 강씨는 사무실이 영업 정지를 당하자 인근 부동산 공인중개사 김모(66) 씨를 불러 건당 15만 원을 주기로 하고 계약서 작성과 자필 서명을 하도록 했다.

서울 마포경찰서는 2009년 7월부터 지난해 12월까지 이런 식으로 8명의 세입자에게 보증금 6억 4천만 원을 가로챈 혐의(사기)로 강씨를 구속했다고 17일 밝혔다. 또 강씨를 도운 공인중개사 김씨를 불구속 입건했다. 김씨는 "부동산 경기침체로 계약 건수가 너무 줄어 유혹에 넘어갔다"고 말했다.

"

부동산 사무실에 들어가 문의를 하거나 중개 의뢰를 할 경우 특히 계약서 작성시 공인중개사 여부를 묻는 것은 절대 실례가 아니며 여러분의 당연한 권리임을 잊어서는 안된다. 그리고 공동 중개의 경우 나를 데려간 부동산 사장이 확실한 공인중개사라 할지라도 상대방 부동산이 대여 업소인 경우 중개 사고 발생시 앞서 설명한 것처럼 나에게까지 피해가 발생할 수 있다.

"

법원 무자격 부동산 중개 수수료 돌려줘야

법원 "무자격 부동산 중개 수수료 돌려줘야." 공인중개사 자격없이 부동산 중개를 하고 받은 수수료는 돌려줘야 한다는 판결이 나왔다. 서울중앙지법 민사합의34부(홍기태 부장판사)는 H(42)씨가 자격증없이 부동산 중개 업무를 한 K(39)씨를 상대로 낸 중개 수수료 반환 소송에서 "피고는 중개 수수료 등 5천 5백만 원을 지급하라"며 원고 승소 판결했다고 21일 밝혔다. 재판부는 "원고와 피고 사이에 체결된 부동산 수수료 지급 약정은 강행법규 위반으로 무효이기 때문에 피고가 받은 중개 수수료는 부당이득에 해당돼 반환할 의무가 있다"고 판시했다. 강행법규란 공인중개사법처럼 당사자 간의 합의나 의사에 상관없이 강제적으로 적용되는 법규를 말한다.

재판부는 K씨의 업무상 과실로 인해 부과된 양도소득세(2천 3백만 원)를 약정에 따라 배상하라는 원고측 청구도 받아들였다. K씨는 공인중개사 자격 없이 2006년 8월~2007년 3월 H씨에게 부동산 매매 및 교환 중개 업무를 위임받아 처리하고 3천 2백만 원을 수수료로 받은 혐의(공인중개사법 위반)로 기소돼 1심에서 징역 6월, 2심에서 벌금 1천 5백만 원을 선고받아 형이 확정됐다.

"

07
돈되는 수익형 건물 감별법

수익형 부동산의 하나인 다가구 주택의 경우 대부분 원룸이나 투룸으로 구성되어 있다. 관건은 공실없이 모두 세입자가 있어야 원하는 수익률을 맞출 수 있는데 여기에도 관리 노하우가 반드시 필요하다. 매수하기 전에 원룸이나 투룸 상태를 꼼꼼히 체크해야 향후 공실률을 줄일 수 있으며 유지 보수 비용이 적게 들어간다.

1. 건축물 대장상에 등록이 되어 있는 적법 건축물인지 물어보고 건축물 대장 확인을 받는다

만약 임의로 구조변경을 하여 호수를 지정한 원룸의 경우 해당 건물이 경매에 들어갔을 경우 보증금의 회수가 힘들다는 사실을 알고 있기에 임대시 약점이 되고, 주인의 경우에도 이행강제금 부과 및 형사고발까지도 당한다.

2. 부동산 사장의 설명만 듣지 말고 본인이 직접 내.외부를 꼼꼼히 살펴본다

- 원룸의 경우 세입자가 맞추어지면 도배를 하는데 비어있는 상태에서 새롭게 도배되어 있다면 곰팡이나 습기의 문제를 의심해봐야 한다. 확인 방법은 벽을 손으로 살짝 쓰다듬어 공사유무나 눅눅한 정도를 느낄 수 있다.
- 수도꼭지의 경우 냉온수 모두 끝까지 돌린 후 확인한다. 왜냐하면 냉수는 수압이 넘치는데 온수 수압은 약한 경우가 많다.
- 계단이나 출입구 쪽의 원룸이 몇 개나 있는지 살핀다. 왜냐하면 출입 소음(새벽 시간의 구두 및 하이힐 소리) 때문에 세입자간 분쟁이 발생하고 이것 또한 임대 수익률에 영향을 미친다.
- 원룸의 위층을 건물 밖에서 확인한다. 왜냐하면 바로 위쪽에 세탁기가 놓인 베란다나 배수구가 있을 경우 이 또한 밤낮 가리지 않고 소음이 들려오기 때문이다. 이유는 위와 동일하다.
- 보일러는 개별난방, 즉 원룸 하나당 한 대의 보일러가 설치되어야 좋다. 그리고 온도 조절기에 보일러 시간 조절 스위치가 있는 것이 없는 것보다 난방비 절약에 도움이 되므로 임대시 유리하다. 그리고 원룸 여러 개에 보일러가 하나일 경우 보일러실에 분배기가 설치되어 있는 경우가 좋다.(향후 비용 정산을 정확히 할 수 있어 임차인과의 분쟁을 예방)

3. 건물의 하자를 체크하는 법

- 건물의 사면을 꼼꼼히 둘러보며 외벽 마감재의 부실 여부를 확인한다.
- 건물 출입구와 각 호실의 문틀을 확인한다. 건물의 변형 증상 중 가장 첫 번째가 문틀의 뒤틀림이기 때문이다.
- 내부에 들어가서 각 벽면의 크랙을 주의깊게 살펴본다. 크랙이 벽면 중앙에 횡으로 균열이 있을 경우 기초 공사에 부실이 예상된다. 모서리 부분에 종으로 생긴 균열은 크게 걱정하지 않아도 된다.
- 옥상을 반드시 확인해야 하며, 새로이 방수공사가 되어 있다면 최근에 누수가 있었을 확률이 높다.
- 드라이비트 마감보다는 조적 즉, 벽돌로 마감이 된 건물이 단열이나 내구성, 화재에 좋다.

4. 결로 현상

- 건물을 안내하는 부동산 사장이 누수 등의 하자를 먼저 이야기하는 경우는 거의 없다. 이유는 현재 수리가 되어 있는 상태이고, 계약서 작성 때에도 현시설 상태의 계약이라는 문구가 있기에 그렇다.
  결로 현상은 곰팡이 등의 문제가 있었더라도 완벽히 수리가 되었다면 모르지만 대부분의 경우 도배나 페인트 시공 수준에 머물기 때문에 얼마가지 않아 다시 똑같은 문제로 씨름을 한다.
- 벽면의 모서리 중 외벽에 해당하는 부분은 필히 손으로 만져보아야 한다. 외벽에 해당하는 모서리 부분은 결로에 특히 취약하기 때문이다. 1층은 주차장이고 2층부터 사람이 거주하는 구조, 즉 필로티 구조인 경우에는 2층의 바닥이 주차장의 천정이기에 더욱 주의깊게 살펴본다.

그리고 각 세대별로 현관문틀 주변을 두드려보면 내부가 단열재로 잘 채워져 있는 경우와 그렇지 않은 경우의 소리가 틀리다. 그리고 창호를 볼 때 창문틀의 두께가 두꺼운 것이 좋다.

또한 주택의 현장 방문시 1층 현관에서 해당 호수의 방에 이르는 복도나 계단 천정 등을 살피면서 이동한다. 왜냐하면 건물의 하중을 지탱하는 내력벽을 살펴봐야 하기 때문이다. 크랙이 있거나 벽면의 일부가 색상이 다르거나 바랬다면 누수나 결로 등의 문제가 있을 확률이 높다.

08
계약하기 전에 내 편으로

　　　　부동산 시장 경기는 해당 지역 부동산 사무실에서 그 체감을 가장 먼저 느낄 수 있다. 부동산 사무실은 여타 매장과는 다르게 물건을 진열해놓고 판매를 하는 것도 아니고 부동산 거래의 특성상 단시간에 거래가 이루어지는 것이 아니기에 해당 지역의 부동산 정보와 부동산 사장의 노하우를 알고 싶다면 다음의 두 가지를 적극적으로 활용해야 한다.

"다른 곳으로 가지 않을게."
"수수료 많이 줄게."

　첫 번째, "다른 곳으로 가지 않을게." 라고 손님들이 말하지만 부동산 사장들은 '두발 달린 짐승이 어딜 못가겠니, 가더라도 죄가 아니야' 라고 생각한다. 여기에는 손님이 반드시 본인과 계약하는 것이 아니라 자신의 부동산 정보만 가져갈 수 있다는 점에 기인한다. 부동산 문을 열고 들어오는 손님(특히 첫 손님)이 반갑기도 하지만 경계를 늦추지 않는 이유가 여기에 있다. 예를 들면 메모를 열심히 하고 마음에 드는 척하며 물건의 가치보다는 지번, 주인의 직업, 거주지 등의 정보에만 급 관심을 갖는다. 이럴 경우 경력이 많은 부동산 사장이라면 제대로 브리핑하지 않고 그래도 손님이니깐 대충대충 설명하거나 오히려 왜곡된 정보를 던지기도 한다. 반대로 손님인 당신도 부동산 사장(특히 처음 방문한)을 전적으로 신뢰하지 않는다.

말 그대로 그렇게 좋은 물건이며 당신이나 사지 할 정도로 왜 나에게 적극 추천할까 라는 생각을 하는 것이다. 하지만 실제 현장에서 일하다보면 이러한 경계와 부족한 신뢰 부분을 풀고 채우다보면 서로에게 이득이 되는 계약이 체결된다.

두 번째, "수수료 많이 줄게." 라고 손님들이 말하지만 대부분 말로 끝나는 경우가 많다. 그래서 부동산 사장들의 마음은 수수료나 깎지 말았으면 생각한다. 수수료를 깎으면서 다음 번 거래에서 많이 주겠다고 하는데 차라리 그말은 하지 않는 것이 좋다.

부동산 사장이 가장 좋아하는 것은 위의 두 가지다. 이유는 부동산 사장들에게 줄 수 있는 가장 확실한 동기부여이기 때문이다. 이것은 결국 당신이 만족하는 계약을 성사하기 위한, 즉 경제적 이익을 가져다주는 핵심 키워드이기도 하다.

부동산 관련 정보 수집에 있어서 부동산 사장과의 일반적인 대화에서 다양하고 해당 지역의 핵심 정보를 얻을 수 있다. 즉 공시된 것과는 다른 소수만이 알고 있는 진실된 정보를 얻어갈 수도 있다. 예를 들면 'A산 밑의 토지 70%가 사실은 등기상 주인과는 달리 대기업에서 소유하고 있다' 거나 '어느 지주의 아들이 사고를 자주 치는데 그때마다 급매가 나온다' 등등 직접적인 정보뿐만 아니라 다각도로 물건을 분석하고 흐름을 읽는 노하우를 얻을 수 있다.

언론이나 매체 등 부동산 전문가들은 결과에 기초하여 현상을 알리거나 미래를 말하지만 결과는 역시 그 결과가 나와야만 안다. 필자가 드리고 싶은 말은 시장 전체적인 흐름(뉴스, 전문가 의견 등)도 중요하지만 필드에서 살아 움직이는 정보를 습득하고 정리하다 보면 큰 흐름의 움직임을 사전에 감지할 수 있다. 또한 실제 부동산 경기의 흐름을 온몸으로 체감할 수 있다는 점에서 작은 정보들이 큰 흐름에 미칠 영향까지 판단하게 되는 전문가가 될지도 모르겠다. 바로 그 정보의 연결 고리가 현장의 부동산 사장들이라는 점을 잊지 말자.

5

불황기 부동산 현장이 돈이다

01
이런 자료 본 적 있어?

"구슬이 서말이라도 꿰어야 보배다."

우리는 투자, 이사, 이전 등을 위해 부동산 정보를 얻고자 할 때 '어디서 어떻게 시작해야 할까?' 라는 막연한 생각부터 든다. 보통 매스컴이나 주변 사람들의 경험 정도로 첫 단추를 꿴다. 하지만 단편적인 정보 습득 차원을 넘어 일목요연하게 정리하여 내 머릿속에 큰 그림을 그릴 수 있어야 한다. 그래야만 해당 지역의 부동산 사장들과 대화에서 투자 현황, 임대 수요, 유동인구, 시세(실제 거래가 가능한) 등을 바탕으로 내가 필요로 하는 정보를 알아낼 수 있다.

'전국 쇠퇴도시 현황'이라는 도표를 본 적이 있는가?

어느 날 지인인 경력이 제법되는 부동산 사장이 필자에게 찾아와 하소연을 하였다.

"아, 이제 부동산도 그만둬야 할까봐!"
"왜요? 사장님."
"어제 서울에서 한 손님이 찾아와 투자할만한 토지를 알아보려고 왔었는데…."
"그런데요?"
"처음에 그 사람이 고급 공무원이나 높은 양반들하고 친분이 있는 사람인 줄 알았어."
"어디서 그런 것을 구했는지 각종 자료와 통계 데이터를 떡하고 내밀면서 질문하는데, 그 사람이 부동산 사장이고 내가 손님같더라니깐."
"무슨 자료길래 그래요?"
"인구유입 현황, 5년 평균 사업체 총 변화율, 대기업 지역 유치 정보, 해당 지역 투자 기사, 노후 건축물 비율 등등… 우와 혼났어."
"결정타는 전국 쇠토도시 현황 자료였지."
"나를 찾아온 이유가 여기 지역은 유입 인구가 늘어나고 있고 발전 가능성이 보여서 그랬다는데…"
"아~국토교통부에서 나온 자료 말인가요?"
"자네는 알고 있었나 봐?"

요즘 위의 손님처럼 자료를 완벽하게 해서 철저하게 준비하는 분들이 제법 많다. 그렇다면 이러한 자료가 정말 찾기 어렵고 비싼 이용료를 내야만 얻을 수 있는 것일까? 대답은 그렇지 않다. 우선 전국 쇠퇴도시 현황 정보는 국토교통부에서 발표한 자료로 누구든지 해당 사이트에 들어가서 참고할 수 있다. 물론 내가 찾고자 하는 자료가 금방 나오지는 않는다. 조금만 인내를 가지고 내가 생각하는 투자 그림에 맞는 자료들을 하나씩 섭렵한다고 보면 된다. 아래의 그림은 '전국 쇠퇴도시 현황' 정보다. 사실 이런 자료 하나로 그 지역의 부동산 경기가 폭락하지는 않겠지만 전체적인 윤곽과 흐름을 본다는 관점으로 접근하는 것이 좋다. 그리고 부동산 투자에 있어 단기적 해석이 아닌 장기적인 관점으로 본다면 매우 훌륭한 자료로 볼 수 있다.

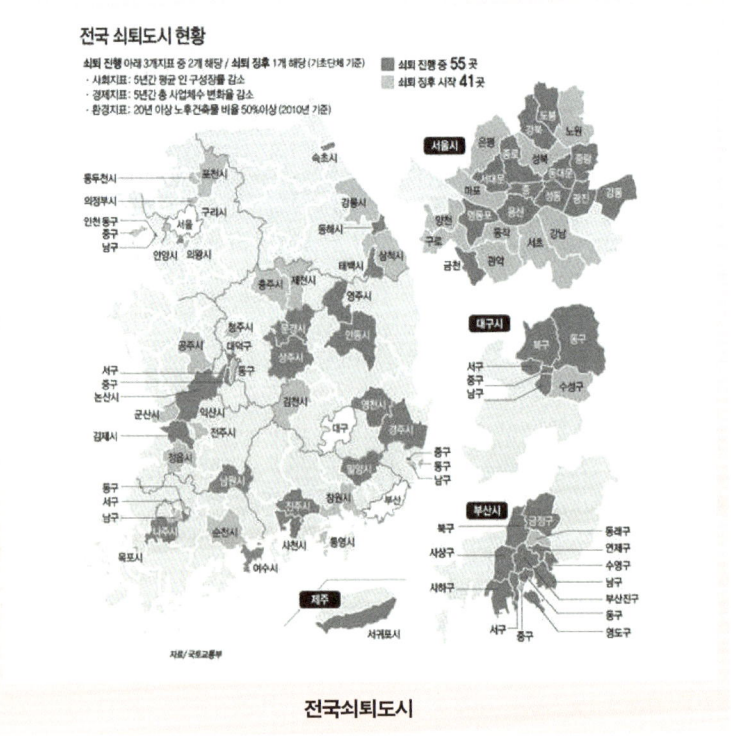

전국쇠퇴도시

그리고 전국 쇠퇴도시 현황이 기사로 난 경우다.

"

광주 동·서·남구, 전남 목포·나주·순천·여수 … 도시 쇠퇴현상 심각.

중추 도시권을 육성하는 가장 큰 수단은 도시 재생이다. 국토부는 낙후도가 심각한 도시쇠퇴 지역에 대한 선택과 집중을 통해 각 권역의 성장을 견인할 거점 지역으로 육성하는 것을 목표로 하고 있다.

4일 국토부에 따르면 2005~2010년 기준 전국 144개 시·구 가운데 38%인 55개 지역에서 인구·사업체 감소, 노후 건축물 증가 등 도시 쇠퇴가 진행 중인 것으로 조사됐다. 쇠퇴 징후가 있는 지역까지 합하면 전체의 67%인 96개 지역이 쇠퇴 현상을 보이고 있다. 특히 지방도시는 49개 지역 중 34개나 쇠퇴하는 등 수도권에 비해 쇠퇴 현상이 심각해 도시 재생이 시급한 것으로 나타났다.

광주의 경우 동구와 서구 남구 등 3개 자치구가, 전남은 목포와 나주, 순천, 여수 등 4개 시지역이 쇠퇴하고 있는 것으로 조사됐다.

도시 쇠퇴 진행 조사는 지난 2010년 기준으로 ▲5년 평균 인구 성장률 감소(사회지표) ▲5년 평균 총사업체수 변화율 감소(경제지표) ▲20년 이상 노후 건축물 비율 50% 이상(환경지표) 등 3개 지표 중 2개 이상 해당되면 쇠퇴진행, 1개면 쇠퇴 징후 시작 도시로 분류했다.

-광주일보

"

이런 자료뿐만 아니라 필자가 생각하는 정보의 보물 창고는 해당 지역 지방자치 단체의 홈페이지에 있다고 할 수 있다. 도시계획, 주택, 인구, 도로, 공단 등 생활에 필요한 모든 정보가 있는 곳인데 제대로 이용하면 공짜로 좋은 자료를 쉽게 얻을 수 있다. 한가지 유의해야 할 사항은 자료는 자료일 뿐이라는 점. 뒤에서 설명하겠지만 이런 자료를 바탕으로 해당 지역의 경험이 풍부한 부동산 사장과의 교류와 발품이 있어야만 당신이 생각한 부동산 투자의 그림에 대한 가치를 높일 것이다.

그렇다면 이제 여러분은 현재 거주하는 지역, 또는 투자하려는 지자체 홈페이지부터 마스터해야 한다. 법령 예고, 토지 수용, 관보, 담배 판매권까지 지역 변화의 흐름과 최신 정보를 매일 체크할 수 있다. 거기다가 궁금한 부분은 전화로 질문하면 상세히 설명을 해주니 얼마나 고마운 존재인가! 또 해당 지역(지자체)의 지리정보 시스템에 접속하면 여러분이 알고 싶어 하는 곳의 도로, 건물 위치 등을 손쉽게 확인할 수 있다. 다음의 그림은 경기도 부동산 포털(gris.gg.go.kr)에서 제공하는 파주시 운정 3지구 개발 예정 지도와 현황 지도를 비교한 것이다.

그리고 개별공시지가 경기넷, 아파트 실거래가 시스템, 공동 주택 가격 알리미, 개별 주택 가격 시군 홈페이지, 시세, 단지, 평형 정보, 토지이용 계획, 건축물 정보, 맞춤 지도, 법률 정보, 공인중개사무소 정보, 항공사진 등 수없이 많은 정보가 여러분을 기다리고 있다. 무작정 발품을 파는 것은 절대로 효과적일 수 없으며 일회성에 그치거나 즉흥적인 결정을 내리게 되는 결과를 초래한다.

알아두면 유용한 사이트

1. 토지이용규제 정보서비스(LURIS)는 중개사무소에서 답사시 활용하는 토지이용 계획원(지적도)을 확인 출력할 수 있는 사이트다. 토지이용 행위의 유형별 가능여부, 개발을 위한 절차 및 관련서류 길라잡이, 도시관리 계획 관련 소식과 각종 고시 도면을 확인할 수 있다.

2. 국토해양부 사이트는 국토에 관련된 정보가 전부 있다고 해도 무방하다. 정보 조회를 통하여 세부지역의 정보까지 자세히 알 수가 있다. 예를 들면 거주하는 곳의 모든 공사 현장을 건설공사 위치 정보를 통하여 알아볼 수 있다. 또한 지도를 통한 위치와 공사의 종류, 기간 등을 자세히 알 수 있다. 이외에도 전국의 개발 계획이나 착공 현황 등 알짜배기 정보가 많이 있다.

3. 통계청 사이트는 방대하면서 세부적인 자료에 놀란다. 내가 무엇을 찾을지에 대한 명확한 개념만 잡으면 엄청난 데이터를 손에 쥘 수 있다. 또한 통계지리정보 시스템의 활용을 통한 관심지역의 자세한 정보까지 얻을 수 있다.

4. 대법원 사이트의 법원경매 정보는 매물의 사진과 장단점이 요약되어 있어서 여러분이 구입하거나 임차를 할 때에 최저 입찰 가격 등을 통한 위험도를 알아보는 효과가 있다. 그러나 최저 입찰가와 최종 낙찰 가격은 상이하니 해당 지역의 공인중개사와 충분한 상의를 하는 것이 좋다.

6. 대법원 등기부등본 열람 사이트는 등기부 열람 방법과 주의사항이 자세히 나와 있다. 부동산이 중간에서 항상 체크를 하지만 부동산 거래에서 책임 문제 공방 시 나에게까지 영향을 미칠 수 있으니 열람법을 알아두면 좋겠다.

7. 민원24 사이트는 토지, 임야, 건축물 대장, 주민등록등, 초본, 지방세 납세증명원, 지적도, 임야도 등 부동산 거래에 필요한 각종 민원서류를 열람 발급을 할 수 있으며 이외에도 각종 생활민원의 대부분을 처리할 수 있다.

8. 관심 지역의 해당 지자체 사이트는 지역 내의 작은 일부터 지역의 발전 방향 공고, 고시, 조례 등의 정보가 있다. 무엇보다 좋은 점은 업무별 공무원의 직통 번호가 있어서 유선 상담을 받기 용이하다.

9. 한국 토지주택공사 산하 토지주택연구원은 친환경 건축물 인증 및 주택의 에너지 효율 등급 그리고 친환경 시범 단지 등의 정보를 알 수 있다. 향후 건축을 계획하고 있거나 인테리어 공사를 계획하고 있다면 유용하고 다양한 정보를 얻을 수 있다.

요즘 헌집이나 새집할 것 없이 인테리어 공사를 많이 한다. 국토교통부 사이트에서 실내건축업 등록업체 여부도 확인이 가능하다. 1천 5백만 원 이상의 인테리어 공사는 실내건축업에 등록을 해야 한다. 만일 여러분이 선택한 업체가 국토교통부 사이트에서 조회가 되지 않을 경우 과감히 삭제하는 것도 좋다. 그외에도 건축 업체에 대한 조회도 가능하다.

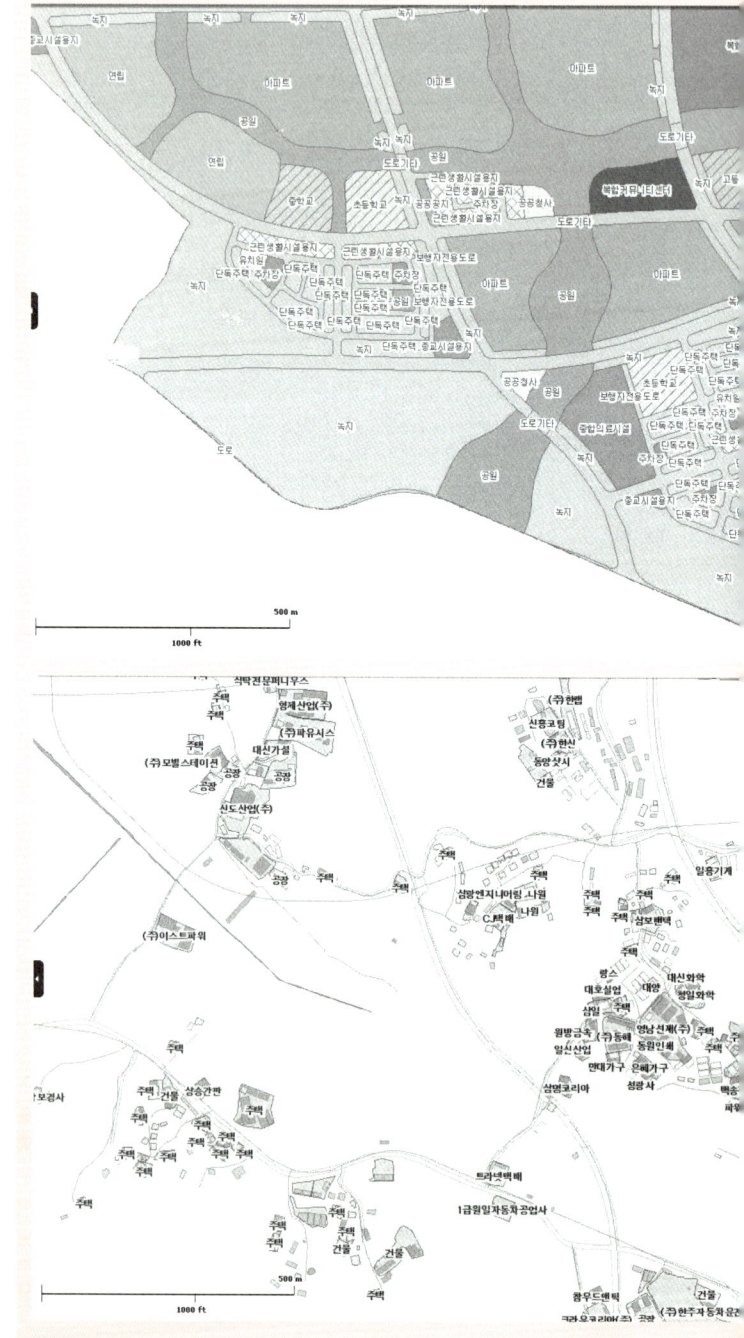

경기포털

02
내식대로 해석한 현장

부동산 투자에 나름 자신있는 A씨는 앞서 설명한 대로 수많은 정보를 섭렵한 후 충만된 확신과 자신감을 가지고 해당 지역의 투자 대상 물건을 찾아냈다. A씨가 찾는 물건은 기존의 정보를 바탕으로 신설이 확실한 교차로 부근의 적당한 규모의 물건이었다. 부동산 직거래 사이트와 부동산 광고 물건이 동일함을 확인하고 매도인에게 연락을 취한 후 현장 답사겸 해당 위치를 방문하게 되었다.

"(알고는 있지만 모른척하며) 여기 교차로가 어디에 생기는 거죠?"
"자동차 전용도로에서 이쪽으로 빠지는 IC가 생기고, 여기를 거쳐 조금만 가면 신도시가 나오죠. 여기가 신도시 입구가 되는 셈이지요."
"(제대로 찾은 것을 숨긴 채) 아~ 그래서 땅값이 비싸군요."

"주유소도 돼, 가든도 돼, 교차로 부근 유동인구도 많고, 얼마나 좋아지겠소."
"아~그래요. 제가 그럼 수일 내로 연락드릴게요."

수일이라는 시간 동안 매수인은 부동산 수수료를 아끼기 위해 그 지역의 부동산에 전혀 문의를 하지 않았고, 그 물건에 대한 개발 계획과 향후 발전 가능성을 보고 희망에 부풀어 있었다. 한편으로 매도인은 '내가 너무 비싸게 불렀나?' 하면서 초조해했다. 결국 매수인이 원하는 약간 조정된 금액으로 직거래 계약을 하게 되었다. 잔금도 서둘러 지불하고 소유권 이전을 완료하였다. 그리고 A씨는 좋은 물건을 구입했다는 안도감에 한동안 편안하게 지냈다. 시간이 흘러 교차로가 완성되었고, 우울한 표정으로 그 지역의 부동산으로 방문하게 되었다.

"사장님, 제가 교차로 부근 **번지 주인인데 지금 팔면 얼마나 받을까요?"
"음~지적도를 볼까요?"
"어! 도로에 붙어있지만 바로 진입이 불가한 위치네요?"
"그럴리가?"
"입체 교차로에서 빠지는 자동차 전용도로로 나들목 구간이라 교통안전상 진입로 불허가 구간입니다."
"이 땅으로 가려면 400m 이상을 돌아가야 하는 거죠."
"어, 그리고 보니 전주인이 제가 아는 분인데요?"
"소리 소문도 없이 언제, 얼마에 사신 거예요. 지금 팔면 잘 해야봐야 백에서 백삼십 될려나요."

"뭐라구요. 백이삼십이요?"

"(너무 놀라) 정확히 알고 말하시는 건가요? 작년 요맘때 이백오십 주고 샀는데요!"

"왜, 이백오십이나 주셨나요?"

"여기저기 알아본 결과 교차로가 생기는 게 확실하고 제가 보기에 주유소나 기타 식당 자리에도 손색이 없어 구입을 했죠."

"에이~그 물건 우리도 광고에 올리긴 했는데 그 가격에 팔릴 거라고는 기대는 안 했죠. 왜냐면 거기 교차로가 입체 교차로가 될 수 있다는 이야기도 있었고, 해당 토지가 불허가 구간에 포함될 수 있는 여지가 있었기 때문이죠."

A씨는 나름대로 정보 수집이나 확인 작업을 충실히 했지만 계약 체결전 현지 부동산 사장들의 현장 검증을 하지 않은 치명적인 실수를 한 것이다. 외지인이 보기에 현지 매도인이 농사만을 지어 온 부동산 물정을 모르는 것처럼 보일지 몰라도 개발이 시작된 지역의 나이 많은 어르신들은 웬만한 부동산 사장들을 가르칠 정도로 고수이며, 표정 관리에도 아주 능하다. 도시기본 계획이나 관리 계획, 도로 개설 등은 틀림없이 개발이 되는 것이 맞지만 우리가 놓치지 말아야 할 것은 개발 기간의 변동성과 위치의 변화 등 일부 조정은 언제든지 일어날 수 있다. 위의 경우도 교차로였지만 도로 교통 여건을 감안한 지자체의 판단으로 입체 교차로로 확정이 되었고, A씨의 땅은 고가 밑의 그늘진, 진입이 불편한 땅이 되고 만 것이다. 그리고 최근에 불거진 신도시나 기업도시, 혁신도시 등의 계획개발의 취소나 축소

도 비슷한 경우다. 취소 등으로 위와 같은 낭패를 본 사람들도 많고, 계획 개발이 취소되지 않았지만 보류되면서 고통받고 있는 사람들도 많다. 아래의 기사를 참고해보자.

> **자금난에 길잃은 기업도시…무주 전면 취소 이어, 무안도 무산 위기**
>
> 참여정부 시절 외자 유치와 국토 균형발전 명목으로 시작된 6개 기업도시가 위기에 처해 있다. 지난해 1월 전북 무주 기업도시 사업이 전면 취소가 된데 이어 무안 기업도시마저 중국인 투자자의 철수 결정으로 무산 위기에 있다. 뿐만 아니라 영암·해남 기업도시는 법정 싸움이 여전한 가운데 사업성 문제 등으로 4개 지구 중 1개 지구가 사실상 사업 무산이 됐고, 그리고 태안과 원주 기업도시는 공사가 진행 중이지만 공정률은 20% 안팎에 불과하다. 반면, 충주 기업도시는 현재 공정률이 98%에 달해 6개 기업도시 중 사실상 유일하게 살아남았다.
>
> 무주에 이어 무안 기업도시 무산위기=기업도시는 2005년 참여정부 때 행정중심 복합도시, 혁신도시 등과 함께 지역균형 발전 일환으로 추진된 사업이다. 산업, 연구, 관광 등의 경제 기능과 함께 주택, 교육, 의료, 문화 등 자족적 복합 기능을 갖춘 도시로 만드는 게 목표다. 충북 충주와 강원 원주가 '지식기반형'으로 개발이 되고, 전남 무안은 '산업교역형', 충남 태안과 전남 영암 그리고 전북 무주가 '관광레저형' 기업도시로 지정됐다. 지방 지역균형 발전이라는 참여정부의 좋은 취지와 달리 대부분의 기업도시 사업진행이 원활히 이뤄지지 않고

있다. 문화체육관광부는 지난해 1월 18일 전북 무주에 7.6km^2(232만평) 규모의 '무주 관광레저형 기업도시'를 조성하려던 계획을 취소, 개발구역 지정을 해제했다. 대한전선이 2008년 금융 위기로 자금난을 겪으면서 사업을 포기했고 이후 새 투자사가 나타나지 않아 사업이 표류해 왔으며, 결국 사업 취소라는 결과를 낳았다. 무안 기업도시 역시 사실상 무산될 위기에 놓였다. 중국측이 사업 타당성 부족 등을 이유로 지난 2월 1일 사업 철회를 결정했기 때문이다. 사실상 유일한 투자사였던 중국 측이 철수를 결정함에 따라 무안 기업도시 사업은 무산될 개연성이 높아지게 된 것.

해남·영남 기업도시는 법정 싸움이 여전하다. 토지 소유자인 농어촌공사와 사업시행사 사이의 토지 매수 가격 논란이 법정 싸움으로 번지면서 사업이 차질을 빚고 있다. 그리고 태안과 원주 기업도시는 사업이 그나마 진행되고 있지만 속도가 너무 느리다. 태안 기업도시는 현재 부지조성 공사 공정률은 12.5%에 불과하다. 원주 기업도시는 좀 더 낫다. 원주 기업도시도 2008년 실시 계획 승인 직후 착공이 이뤄졌지만 공사진행률은 20.2%, 분양률은 7.6%에 불과하다.

충주 기업도시 공정률 98% = 6개의 기업도시 중 사업 진행이 원활한 곳은 충북 충주 기업도시 단 한 곳이다. 충주 기업도시의 사업 완료는 코 앞으로 다가왔다. 충주 기업도시는 5,500억 원의 사업비가 투입되는 친환경 복합신도시 조성 사업으로 충주시 주덕읍, 이류면, 가금면 일대의 701만m^2 부지로 건설된다. 충주 기업도시는 친환경·자족형·

첨단형 지식기반형으로 IT, BT, NT 중심의 최첨단 부품소재 산업의 세계 최고 도시를 목표로 하고 있다. 지식산업 용지와 함께 주거, 교육, 의료, 문화 등 복합적이고 자족적인 기능을 고루 갖춘 공간이 탄생하게 된다. 충주 기업도시는 최근 세종시의 인기가 급상승하면서 그 후광효과도 톡톡히 보고 있다. 세종시 정부부처 이전이 올해 9월부터 본격적으로 진행될 계획이어서 청약시장 불패신화를 이어가고 있으며 인근 지역에까지 투자자들의 발걸음이 이어지고 있다. 충주 기업도시는 그동안 일부 단독 주택 용지, 근생, 종교시설, 유치원 등을 분양했으며 100% 분양 완료됐다. 현재 전체 부지 중 58.6% 분양됐다. 나머지 아파트 용지 10개 필지 318,755m^2와 주상복합 용지 2개 필지 75,909m^2 등 공동주택 용지를 분양 중에 있다. 충주기업도시가 6개 기업도시 중 유일하게 사업진척도가 빠른 것은 뛰어난 입지여건이 영향이 크다. 서울과 수도권을 1시간 대로 연결해주는 중부내륙 고속도로가 불과 3분 거리이다. 또한 평택~삼척간 동서고속도로, 서울~충주~문경간 중부내륙선철도, 충청고속도로 등이 완공되면 동서남북 사통발달의 광역교통망을 구축한 최적의 물류 중심지로 부각될 전망이다. 또한 충주댐에서 제공되는 풍부한 용수와 안정적인 전력 수급이 이뤄진다. 뿐만 아니라 준공을 완료한 충주 첨단산업 단지와 충주 신산업 단지도 조성 중에 있어 발전 가능성이 높다. 기업도시가 완료가 되면 2020년까지 약 3조 1,366억 원의 생산유발 효과와 인구 2만 명 등 3만여 명의 신규 일자리가 창출될 예정이다.

"

03
길이 있는데 길이 없다

토지 투자에 있어서 도로의 중요성은 너무나도 잘 알려져 있다. 대부분의 부동산 관련 서적에서 빠지지 않는 단골 메뉴이기도 하다. 우리가 토지이용 계획원을 열람해보면 해당 토지가 도로에 접하고 있는지의 여부를 쉽게 확인할 수 있다. 하지만 간혹 지적도상 도로처럼 보이는 부분이 정식 도로가 아닌 현황도로인 경우가 있다.

"(잘 아는 건축업체 사장님으로부터 전화가 왔다) 얼마 전 부탁했던 **번지 건축허가 있잖아요? 그거 안 된다고 하네."

"왜요? 도로 문제인가요?"

"어, 맞어. 그게 도로 대장에 등재가 안 되어 있다네."

"그래요? 아스콘 포장까지 된 멀쩡한 길이잖아요."

"맞어. 나도 깜박 속았지."

"아~ 아쉽네요. 허가만 나오면 계약하겠다는 손님이 있었는데 할 수 없죠."

위의 사례처럼 지적도 없이 현장을 방문하면 어느 누구라도 맹지라고 밖에 생각할 수 없는 토지였다. 그래서 부동산에 대하여 잘 안다고 자신하는 분들도 도로에 깜박 속아 맹지에 투자하여 큰 손해를 보는 경우가 생긴다. 특히 이런 점들은 기획부동산이 주로 악용하는 케이스이다. 반대로 지적도상 길이 없는 맹지라 하여도 주변을 활용하여 황금알로 탈바꿈시킬 수 있다.

1. 구거를 이용한다.

   기존 도로에서 해당 맹지 사이에 구거가 있다면 문제는 쉽게 풀릴 수 있다. 해당 지차체에 구거 점용 허가를 받아 물길을 살리기 위한 흄관을 묻은 후 진입로로 이용하면 된다. 일부 토목업자 중에는 개발이 될 만한 토지 중에 구거를 이용하여 길을 내야만 하는 경우 미리 구거 점용 허가를 자신 앞으로 받아 놓고 해당 지주와 협상을 하여 공사를 따내는 경우도 있다. 구거 중에는 눈에 띄지 않은 작은 것들도 많으니 꼼꼼히 체크하면 좋겠다.

2. 국유지를 활용한다.

   맹지라 하여도 도로쪽의 토지가 국공유지이며, 점유 허가가 가능한 면적이라면 해당 관리청의 점유 허가를 통하여 통로를 만들 수가 있다.

3. 다리를 놓는다.

   맹지와 도로 사이에 하천이 있다면 교량 설치 허가를 받아 맹지 탈출을 할 수 있다. 그러나 이 경우에는 교량 설치비를 감안하여 맹지 구입 여부를 결정한다.

4. 좌우 토지가 도로에 접한 경우 해당 토지 지주에게 사용 승낙을 받거나 일부 매수할 수 있다. 때론 토지 일부를 교환하는 방법도 있다.

5. 사도라 하더라도 도로대장에 등재가 되었거나 장기간 통로로 이용 중이라는 것을 이용해 건축심의 위원회를 통하여 건축 허가를 득하는 방법도 있다. 하지만 사도는 말 그대로 다른 개인의 사용 승낙이 필요하다는 점을 잊지 말자. 그리고 사도 주변의 건물들의 건축물 대장을 열람해보면 무허가 건물인 경우가 꽤 많다.

6. 간혹 지적도상에는 도로가 명시되어 있는데, 실제 현장에서는 도로가 없는 경우가 있다. 이런 경우는 주위의 개발 등으로 인하여 폐도가 된 것으로 이해하면 된다. 해당 토지에서 기존 도로까지의 거리가 200미터 미만이라면 도로 복구 신청을 통하여 길을 살릴 수가 있다. 복구시 비용이 많이 드는 아스콘 포장이 아니더라도 중장비를 이용하여 길을 낸 후 잡석만 깔아줘도 된다.

맹지와 도로와의 관계를 잘 알고 있는 부동산 사장들을 만나서 이러한 정보를 듣는다면 맹지라고 해서 제외하는 것은 옳지 않다. 당신이 선택한 부동산 사장이 당신을 속이려는 것이 아니라면 현장 브리핑 단계에서 모든 사실이 드러난다. 중요한 것은 현황상 도로로 이용하는 길이 있음에도 지적도상 지목이 도로라고 명시된 길과의 접함이 없다면 일단 모든 가능성을 무시하고 맹지로 보고 접근해야 한다. 나머지 위와 같은 경우의 수를 발견하면 맹지 투자가 황금알을 낳는 거위로 바뀔 수 있다. 이 과정에서 맹지를 토지로 바꿀 확신이 섰다면 매매 가격을 조정하거나 매매 계약의 조건으로 내세우는 방법으로 접근한다. 이처럼 저렴하게 시장에 나올 수밖에 없는 맹지를 사들여 도로를 확보 후 제대로 된 시세에 매도하여 많은 이익을 남기는 사람들의 이야기는 절대로 남의 얘기가 아니다.

반대로 맹지와 도로와의 관계를 악용해 당신에게 속이려 든다면 위의 내용을 숙지하기 바란다. 알아두어야 할 것은 길을 확보할 가능성이 제로인 토지가 시장에 매물로 나온 경우 일부 부동산 사장이나 투자를 부축이는 사람들이 말하는 첫 번째가 '싸니까 일단 사두고, 훗날 주변이 어떻게든 개발되면 길이 생길 수도 있다.' 라고 하는데, 이 말에 솔깃해서 매수하지 않길 바란다. 될 것 같기도 하고 아닐 것 같은 토지가 저렴함을 무기삼아 시장에 나온다는 점을 알아야 한다. 그리고 도로에 관한 해당 지자체의 조례를 함께 참고하면 이해가 빠를 것이다. 다음의 경우 경기도 파주시의 조례 중 도로의 지정과 관련한 부분이다. 전국 대부분 지자체의 조례도 비슷하다.

제26조(도로의 지정)

① 법 제45조 제1항 제2호에 따라 주민이 오랫동안 통행로로 이용하고 있는 사실상의 통로로서 이해관계인의 동의를 얻지 아니 하고 지방 건축위원회의 심의를 거쳐 도로로 지정할 수 있는 경우는 다음 각 호와 같다. 다만, 포장(아스팔트 또는 콘크리트 등) 된 도로로서 해당시설의 유지·관리부서와 사전 협의한 경우에 한한다.

1. 국가 또는 경기도 또는 파주시에서 직접 시행하거나 새마을 사업 지원에 따라 개설되어 주민이 공동으로 사용하고 있는 통로
2. 마을안길 통로로 사용 중인 복개된 하천·제방·구거 그 밖에 이와 유사한 국·공유지
3. 사인이 포장한 도로로서 개설할 때 편입 토지 소유자들이 서면으로 동의하고 불특정 다수의 주민들이 오랫동안 사용 중인 통로
4. 그 밖에 건축위원회의 심의를 거쳐 도로로 인정한 경우

② 제1항에 따른 통행로를 이용하여 건축허가를 받고자 하는 건축주는 다음 각 호의 서류를 제출해야 한다.

1. 건축위원회 심의신청서
2. 현황 도로사진(원경, 근경)
3. 현황측량 성과도
4. 서면동의서(제26조 제1항 제3호의 경우에 한한다)
5. 그 밖에 현황 통로로 이용되고 있다는 증명 서류

그리고 건축법 제45조 도로의 지정, 폐지, 변경에 관한 내용이다.

1. 허가권자는 제2조 제1항 제11호 나목에 따라 도로의 위치를 지정.공고하려면 국토교통부령으로 정하는 바에 따라 그 도로에 대한 이해관계인의 동의를 받아야 한다. 다만 다음 각 호의 어느 하나에 해당하면 이해관계인의 동의를 받지 아니하고 건축위원회의 심의를 거쳐 도로를 지정 할 수 있다.
 1) 허가권자가 이해관계인이 해외에 거주하는 등의 사유로 이해관계인의 동의를 받기가 곤란하다고 인정되는 경우
 2) 주민이 오랫동안 통행로로 이용하고 있는 사실상의 통로로서 해당 지방 자치단체의 조례로 정하는 것인 경우

2. 허가권자는 제1항에 따라 지정된 도로를 폐지하거나 변경하려면 그 도로에 대한 이해관계인의 동의를 받아야 한다. 그 도로에 편입된 토지의 소유자, 건축주 등이 허가권자에게 제1항에 따라 지정된 도로의 폐지나 변경을 신청하는 경우에도 또한 같다.

3. 허가권자는 제1항과 제2항에 따라 도로를 지정하거나 변경하려면 국토교통부령으로 정하는 바에 따라 도로관리대장에 이를 적어서 관리하여야 한다.

도농 복합도시의 경우 해당 토지로 진입하는 3~4m의 도로가 200~300m 길이로 형성되어 있는 곳이 있다. 이럴 경우 해당 토지가 도로에 접하더라도 큰 길에서부터 해당 토지까지의 모든 도로를 열람하여 확인해야 한다. 초입이나 중간의 일부분이 사도이거나 현황도로인 경우가 있기 때문이다. 이런 경우 소유권 이전, 건축허가 등에 있어서 지연을 초래할 수 있기에 주의해야 한다. 그리고 도로의 포장 유무, 상하수도의 설치 유무는 도로 인정의 가능성을 높여주는 조건이기에 유심히 살펴보는 것이 좋다. 그리고 현황상 도로를 이용하여 주택과 같은 경우에 허가를 내어주는 경우도 제법 있다. 현황 도로 주변에 준공허가를 득한 주택이 있다면 가능성은 한층 높아진다.

04
할아버지의 소망

어느 날 오후 노부부가 필자의 부동산으로 찾아왔다.

"어서오세요!"
"집을 좀 팔려고 하는데…."
"어디에 있는 어떤 집이죠?"
"(사진을 보여주면서) 전원 주택이고 대지는 $661 m^2$(200평)에 건평 $161 m^2$(50평) 정도 돼."
"관리 잘 하셨네요. 두 분이 사시기에 공기도 좋고 생활 환경이 어느 정도 괜찮은 위치인데 왜 파시려고 하세요?"
"내가 올해 팔십인데, 서울에 있는 병원에 가려면 전에는 손수 운전해서 갔는데 이제는 이것도 힘들어. 그나마 나는 다른 노인네들보다 건강

했었지."

"일단 팔리면 어디로 가시려구요?"

"서울로 가야 돼. 병원까지 지하철로 두어 정거장 떨어진 곳이라면 좋겠지."

우리나라의 고령화 속도는 세계에서 가장 빠르게 진행되고 있다. 몇 년 후인 2018년에는 고령화 사회로의 본격적인 진입이 시작된다. 고령화 시대에서 노인 인구의 70%가 1~2인 가구로 투자든 거주든 간에 노령 인구의 분포 변화와 이동이 예상된다.

지금이 바로, 부동산 시장의 변화와 움직임을 어디서 감지해야 하는지 관련 데이터를 찾고 해석하는 능력이 필요한 시점이다. 최근 소형 아파트에 서비스 공간을 주어 공간 활용을 높이거나 가변 구조를 통하여 일부 임대를 놓는 아파트들이 등장했다. 큰 집이 필요가 없는 세상이 되어간다는 것이다. 그리고 그러한 세상으로 넘어가는 과도기라고 볼 수 있다. 여기에 고령화 세대를 대입시켜 보면 부부가 거주하면서 의료, 복지, 취업, 자기계발 활동, 봉사, 자식들과의 거리를 감안해서 주거지를 결정할 것이다. 또한 교통이나 공원 등 사회간접 시설이 조성되어 있다면 더욱 좋을 것이다. 현재까지 나온 고령화 시대의 주거 변화에 대해 설명하자면 넓은 아파트에서 부부 중심의 소형 아파트로, 남은 차액은 현금 보유로 노후 자금으로 쓰거나 본인이 거주하면서 월세가 나오는 수익형 부동산으로 이동이 예상된다.

다음의 데이터는 노인들이 받고 싶은 복지 서비스를 조사한 것이다. 노인들이 무엇을 원하는지 안다면 향후 투자 목적지의 방향이 바뀔 수 있다. 건강 검진, 간병 서비스가 가장 높은 관심을 보였고, 건강 검진의 경우 병

행정구역(시도)별	전국	서울특별시
	받고싶은 복지서비스(%)	받고싶은 복지서비스(%)
- 간병 서비스	26.1	24
- 목욕 서비스	2	1.8
- 가사 서비스	14.5	14.2
- 식사 제공	3.1	3.1
- 이야기 상대	1.6	1.6
- 취업알선	10.6	12.3
- 건강검진	34.4	34.1
- 취미여가프로그램	6.1	6.7
- 정보화 등 각종 교육	1.3	1.7
- 기 타	0.3	0.5

받고 싶은 복지〈자료 통계청〉

원의 이용이나 공적인 보건 서비스를 쉽게 받을 수 있는 곳일 것이다. 간병 서비스의 경우 해당 지역의 요양이나 간병에 관련된 인프라가 잘 조성된 곳일 것이다. 실제 종합병원이나 전문병원 인근의 다가구 주택의 경우 환자의 가족들에 의한 임차 수요가 풍부하다.

다음 데이터는 2030년까지 인구구성 비율을 표시한 것이다. 2030년에는 65세 이상 인구 구성비가 전체 인구의 25.7%까지 늘어난다는 것을 알 수 있다. 이렇게 증가된 노인들은 과연 어떤 지역에서 노후 생활을 하고 싶어 할까? 의외로 도심의 역세권 소형 아파트에 대한 선호도가 높았고, 전원 주택이나 노인 생활주택(실버타운) 또한 도심에서 30분에서 1시간 이내의 거리를 선호했다. 또한 앞의 표에서 취업 알선이나 가사 서비스의 항목에도 주목할 필요가 있다. 노인들은 한적하고 공기좋은 시골이 아니라, 위와 같은 필요에 의해 밀집된 대도시(서울, 부산, 인천 등)는 아니라더라 어느 정도 도시화가 이루어진 도농복합 도시를 선호할 것이다. 다시 다음의 데이터를 살펴보면 2005년~2010년 전국 65세 이상 노인 인구가 4~5백만 명에서

시도별	총인구		0-14세(명)		15-64세(명)		65세이상(명)		인구성장률	
	전국	서울특별시	전국	서울특별시	전국	서울특별시	전국	서울특별시	전국	서울특별시
2005년	48138077	10011324	9241187	1667679	34530248	7631239	4366642	712406	101.13	99.7
2010년	49410366	10050508	7975374	1402018	35982502	7709438	5452490	939052	100.80	97.6
2015년	50617045	10025756	7039594	1222010	36953331	7615453	6624120	1188293	100.53	96.5
2020년	51435495	10135026	6788432	1188565	36562967	7464991	8084096	1481470	100.11	95.6
2025년	51972363	10214422	6739459	1194187	34901829	7114190	10331075	1906045	99.72	95
2030년	52160065	10202243	6575330	1168042	32893289	6709144	12691446	2325057	99.37	94.5

노인구성비-1

	시도별	2005년	2010년	2015년	2020년	2025년	2030년
인구구성비 0-14세(%)	전국	19.6	16.5	14.1	13.3	12.9	12.5
	서울특별시	16.7	13.9	12.2	11.7	11.7	11.4
인구구성비 15-64세(%)	전국	70.4	71.4	71.7	69.9	65.9	61.8
	서울특별시	76.2	76.7	76	73.7	69.6	65.8
인구구성비 65세이상(%)	전국	10.1	12.1	14.2	16.9	21.1	25.7
	서울특별시	7.1	9.3	11.9	14.6	18.7	22.8
노년부양비	전국	14.5	17.3	20.0	24.4	32.4	42.1
	서울특별시	9.3	12.2	15.6	19.8	26.8	34.7
노령화지수	전국	52.4	74.8	102.6	129.8	166.4	208.9
	서울특별시	42.7	67	97.2	124.6	159.6	199.1
인구구조	전국	고령화사회	고령화사회	고령화사회	고령사회	고령사회	초고령사회
	서울특별시	고령화사회	고령화사회	고령화사회	고령사회	고령사회	초고령사회

노인구성비-2

2030년 1천 3백만 명까지 늘어나는 수치 차이는 어마어마하다는 것을 인식해야 한다. 서울의 경우 2백 3십만 명이나 늘어 2012년 기준 광주광역시 인구를 넘어서는 수준이다.

필자를 찾아온 노부부와 계속 상담을 하던 중 앞서 소개한 데이터를 바탕으로 그분들에게 물어봤더니 역시나 건강, 간병, 가사에 가장 주안점을 두고 있었다.

05
언덕 위의 그림같은 집

　　아파트 생활을 청산하고 전원 주택에 거주를 하려는 사람들이 점점 늘어나고 있다. 물론 아파트의 인기가 과거와 다른 점도 한 부분을 차지하겠지만 전원 주택의 수요는 점차 늘어날 것이 확실해 보인다. 그래서 전원 주택의 선택에 있어서 도움이 될 만한 몇 가지를 다루어 보겠다. 부동산 사장의 입장에서 전원 주택의 매수를 위해 방문한 손님은 사실 어려운 손님 중에 하나이다. 이유는 전원 주택은 아파트와 달리 제각각의 위치와 형태를 가지고 있기 때문에 손님에게 많은 물건을 보여줘야 하는데 계약 성사가 불투명한 상황에서 많은 시간과 노력을 들여야 하기 때문이다. 거기다가 전원 주택을 찾는 손님들의 대부분은 급하게 찾을 이유가 없기에 더욱 그렇다. 이렇게 전원 주택을 찾는 손님들에게 나타나는 공통적인 특징이 있는데, 그것은 토지를 매입하여 건축을 하느냐? 아니면 기존의 주택들 중에서 선택을 하느냐? 라는 점이다.

언덕 위의 그림같은 집을 상상하며 부동산 사장과 방문하면 '나도 이런 집을 짓고 살아야겠다' 라는 생각을 하지만 집주인의 얘기를 들어보면 건축 과정에 있어 시간과 비용은 물론이고 마음 고생까지 이만저만 아니었다고들 한다. 이러한 여러 가지 고생은 집의 규모와 상관없이 공통적으로 겪게 되는 과정이라고 말한다. 게다가 그림같은 집의 매도 가격을 물어보면 당신이 생각한 금액과 많은 차이가 있음을 알게 된다. 이유는 매도인이 말하는 건축 비용을 매수인은 인정을 하지 않기 때문이다. 그러나 매수인이 직접 짓기 위해 견적을 뽑았을 때 나오는 비용은 매도인이 말한 비용에 가깝게 나오는 경우가 대부분이다. 결론은 잘 지어진 집을 적당하게(또는 저렴하게) 매수하는 것이 여러모로 유리하다. 마침 얼마 전 시사프로그램에서 귀농, 귀촌을 하는 사람들이 정착도 하기 전에 토지 매입이나 주택의 건축, 분양에 있어서 하자 발생으로 큰 실패를 겪는 내용이 방영되었는데 늦은 밤시간임에도 높은 시청률을 기록하였다. 오죽하면 집 짓고 나서 십년은 늙는다는 말이 있을까! 라고 할 정도로 집을 짓는다는 것은 어렵다는 점을 반드시 알고 있어야 한다.

결론부터 얘기하자면 건축과 관련한 지식이 없다면 무조건 기존의 매물로 나온 집들 중에서 적당한 집을 선택해야 한다. 전원 주택 거래성사가 어렵다는 현실을 그대로 반영하듯 이것도 쉬운 과정은 아니다. 손님을 모시고 다니면서 가장 많이 듣게 되는 말 중 하나가 "이 땅에 앞서 본 주택이 자리잡고 있다면 바로 계약할텐데 아쉽네요!" 라는 말이다. 그만큼 내 취향에 맞는 전원 주택을 고르는 것이 어렵다. 여기에 전원 주택을 선택함에 있어 아파트처럼 수개월만에 몇천만원씩 상승하는 그런 것을 내심 기대하고 있다면 큰 착각이다. 이런 분들은 2, 3층은 본인이 살고 1층에는 점포가 있는 수익형 주택으로 생각해보는 것이 좋다. 이처럼 전원 주택지는 가격이 크게 떨어지지 않는다는 장점이 있지만 반대로 크게 상승하지도 않는다는 점을 알아야 한다.

   기존의 집들 중에서 선택을 해야 할 경우 이왕이면 비슷한 규모의 주택들이 단지를 이루고 있는 곳을 선택하는 것이 유리하다. 이유는 어느 정도 객관적인 시세를 파악할 수 있고 도시가스, 광랜, 편의시설 등 기반시설이 잘 갖추어져 있기 때문이다. 이것은 추후 주택을 매도해야 하는 경우에 가격을 받쳐주는 역할을 하며, 매도까지 걸리는 시간이 나홀로 주택에 비하여 비교할 수 없을 정도로 빠르다. 나홀로 주택의 경우 매도까지 걸리는 기간이 2~3년에 이르는 경우도 많다. 그리고 너무 많은 치장을 한 주택은 피하는 것이 유리하다. 앞서 설명한 대로 치장에 들인 비용에 비해서 매도시 인정받는 부분이 적기 때문이다. 이처럼 전원 주택은 아파트와 달리 가격 산정을 하기가 무척 힘이 든다. 단지형을 선택하면 주변의 거래 가격을 참고하여 대략적인 시세 산정이 가능하지만 나홀로 주택처럼 띄엄띄엄 주택이 제각각의 모양으로 되어 있다면 객관적 가격 산정은 더욱 곤란하다. 이럴 경우 우선 주택이 위치한 토지 가치부터 살펴보는 것이 필요하다. 건축물을 훌륭하게 지었어도 토지의 가치가 떨어지는 곳이라면 추후 매도에 큰 어려움을 겪을 수 있다. 해당 지역의 토지 시세와 토목 비용, 전용비 등 허가와 관련한 비용을 알아보고 여기에 건축비와 정원 조경 비용을 산출해 합산한 후에 건축물의 감가상각을 해보면 대략적인 가격을 추론할 수 있다. 여기에 리모델링을 해야 한다면 그 비용을 합산하고 이 모든 비용과 토지를 구입하여 주택을 신축하는 비용을 비교해서 가격 조정이나 매입을 시도해야 한다. 특히 전원 주택에 거주한 경험이 없다면 전세를 통하여 2~3년 살아보고 매입을 고려하는 것이 좋다. 살아봐야 주택 거주의 장단점을 알고 추후 전원 주택을 매수할 경우 실패할 확률이 줄어든다.(신축은 더더욱 그렇다.)

만약 전원 주택에 전세로 거주하는 동안 다른 전원 주택의 가격이 오르면 어쩌나 하고 고민하는 사람들을 보았는데, 2년 전에 팔리고 내놓은 주택이 아직도 그대로인 경우가 많다. 간혹 2년 전에 가격 때문에 포기한 주택을 2년 후 원하는 가격에 매수하는 경우도 발생한다.

토지를 매입하여 건축을 하느냐? 아니면 기존의 주택들 중에서 선택을 하느냐? 에서 필자는 기존 주택의 손을 들어 주었다. 그래도 신축을 하고 싶다면 전원 주택지를 고르는 법을 다음 대화를 통해 생각해보자. 기존의 주택을 선택할 경우에도 마찬가지이다.

"지하철이요?"
"버스타고 한 삼십분 정도 가면 돼요"
"교통이 너무 불편하네요"
"그냥 아파트 사세요"

"서울 도심까지 얼마나 걸리죠?"
"출근 시간이라면 1시간 이상 걸립니다"
"그렇게나요?"
"그냥 아파트 사세요"

"버스는 자주 다니나요?"
"네 20분에 한 대씩 다닙니다"
"뭐라구요? 헐~ 바쁠때는.."
"그냥 아파트 사세요"

위의 대화는 전원 주택을 보러 다니면서 가장 많이 나누는 대화로, 전원 주택지의 입지 조건을 추측해 볼 수 있다. 비슷한 주택이나 토지 중에서 고민하고 있다면 가장 먼저 도심에서의 접근성 즉 교통이 편한 곳으로 무조건 선택을 해야 한다. 여기서 교통은 자가용뿐만 아니라 대중교통도 포함을 해야 한다. 그리고 승용차로 20분 이내 거리에 중형급 병원이 있어야 하며 철도역, 터미널, 지하철역도 마찬가지이다. 학교의 경우 승용차로 5~10분 이내의 거리이며 학원이나 유치원 등의 통학버스가 들어올 수 있는 위치가 무난하다. 서울로 출퇴근을 해야 한다면 서울까지 1시간 이내의 거리에 있는 고양, 파주, 용인, 판교, 김포 쪽의 전원 단지나 택지를 선택하는 것이 여러모로 유리하다. 그리고 이들 지역은 3~6억 원 사이의 전원 주택 수요가 꾸준하기에 향후 매도나 임대를 놓기도 수월하다. 은퇴를 하거나 귀촌을 결심했다면 수도권을 벗어나는 것이 좋은데 전원 주택으로 이사온 후 6개월 정도면 할 일이 없어서 매우 괴로워한다. 그래서 다시 도시로 나가기 위해 전원 주택의 매도를 시도하지만 거래 성사까지 오랜 시간이 걸리고 원하는 가격을 받기가 힘들어서 결국 손해를 보고 파는 경우가 많다. 평균 수명이 늘어난 지금은 대다수의 사람들이 노후 생활 대책에 있어 넉넉하지 못한 경우가 많기에 이런 분들은 수익형 전원 주택으로 방향을 선회해야 한다.

06
꼭 집을 지어 보고 싶다면

앞에서 토지를 매입하여 건축을 하느냐? 아니면 기존의 주택들 중에서 선택을 하느냐? 에서 필자는 기존 주택에 손을 들었지만 그래도 직접 집을 지어보고 싶다면 아래의 내용을 참고하길 바란다.

집의 규모는 너무 작지도 크지도 않게 지어야 한다. 부부만 거주할 것이라 생각하고 너무 작게 지어 짐이 전부 들어가지 못하는 웃지 못할 경우도 있다. 반대로 너무 크게 지으면 유지, 보수 관리가 어렵고 추후 매도시 적당한 수요자를 찾기가 어렵다. 일반적으로 전용면적 기준 $99m^2$(30평)~$165m^2$(50평) 사이가 가장 적당하며 참고로 아파트의 전용면적은 벽체 안쪽을 기준으로 하지만 단독 주택의 경우는 벽체 중심선을 기준으로 한다. 그리고 적당한 면적이 결정되면 가족들과 충분한 상의가 필요하다. 특히 아내의 동선에 충실하게 짓는 것이 핵심 포인트다. 이렇게 충분한 상의가 끝났다면 건축주가 구조를 스케치하여 설계자에게 넘겨주는데 이것을 '구성도'라고 한다. 구성도를 그렸더라도 바로 설계에 반영하지 말고 여러 번의 검토를 거치고 설계에 반영해야 향후 발생할 문제를 줄일 수 있다. 그리고 사전에 건축 설계도면 보는 법을 공부하는 것이 좋다. 왜냐하면 설계자가 작성한 도면을 이해하지 못하고 시공에 들어가면 시공 중에 변경해야 할 부분이 생길 경우 비용과 공사 기간이 늘어나는 결과를 초래하면서 건축업체와의 마찰이 생기기도 한다. 결국 공사 기간이 늘어나면 건축주의 통장 잔고가 줄어드는 걸 의미한다는 점에서 중요하게 생각해야 한다.

작성된 구성도를 바탕으로 우리가 흔히 말하는 설계도, 즉 평면도가 만들어진다. 평면도를 위에서 내려다만 보지 말고, 입체화시켜 직접 집안을 걸어다닌다고 생각하면서 해석을 해야 한다. 말처럼 쉽지 않은 것이라 전문가의 도움을 받아 충분히 연습해야 한다. 이러한 연습없는 초보자들은 공사진행 중에 깜짝 놀라게 된다. 여기가 이렇게 막힌 공간이었나? 너무 답답한데 등의 문제에 부딪히게 되며, 그 부분을 다시 변경하게 되면서 돈과 시간이 추가로 들어가기 시작한다. 일부 악덕 건축업자들은 이러한 경우를 꼬투리삼아 자신의 수입 증가와 결부시켜 과다한 추가 건축비를 당연한 듯이 요구한다.

사실 주택은 평면과 구조를 단순화하며 골조를 튼튼하게 하고 마감을 깔끔담백하게 하는 것이 가장 효율적으로 짓는 방법이다. 농어촌진흥공사에서 제공하는 농어촌주택 표준설계도를 이용하면 수백만원의 설계비 절약과 허가 기간 및 공사 기간의 단축을 꾀할 수가 있다. 12평에서 44평까지의 모델이 있으며, 실내외 내장재, 마감재 등의 일부분은 건축주가 변경할 수 있다. 또 바닥면적 15평 정도는 신고를 통하여 설계 변경도 가능하다.

그리고 공사 시방서를 검토해야 하는데 시방서는 시공 중에 도면으로 나타낼 수 없는 사항을 문서로 적어 놓은 것이다. 도면만으로는 표현하기 부족한 건축주의 설계 의도를 적어놓은 문서로 일반적으로 재료의 품질 등 시공상의 품질과 성능, 특정한 재료나 시공법의 선정, 완공 후의 기술적, 외관상의 요구 충족기준 등 건축에 관한 일반적인 총칙이다. 혹시 시공자와의 분쟁이 생겼을 때 중요한 역할을 하므로 꼼꼼히 검토해야 한다.

마지막으로 건축 계약시 해당 업체의 사장만 만나서는 안된다. 본 건축의 실무 책임자인 현장 소장도 만나본 후 일을 맡겨도 될 만한 사람인지를 판단해야 한다. 또한 건축 공사가 시작되기 전에 현장 주변의 이웃들과 미리 알아놓는 것도 만약의 사태에 대비해 큰 도움이 될 수 있다. 왜냐하면 건축 현장에서 가장 피해야 할 것이 주변의 민원이며 혹시 집단 민원이라도 들어오면 설사 건축주가 잘못한 부분이 없더라도 상당 기간의 공사 지연과 많은 정신적인 고통이 생기니 미리미리 이웃에게 인사를 하고 공사를 진행하니 잘 부탁한다는 양해를 구하여 민원의 발생을 사전에 예방하는 것이 좋다.

대부분의 건축업체가 100% 직영으로 건축을 하는 것이 아니고, 일부분은 하도급을 통하여 건축을 한다. 그렇기 때문에 건축주 자신이 마감 단계의 시공은 직접 업체를 선정하여 직영으로 마무리하는 것도 비용 절감에 효과적이다. 이럴 경우 공사 계약 전에 협의한 후 계약을 진행하면 경비도 줄이고 건축에 관하여 나름의 노하우를 쌓을 수 있다.

데크 및 부속물 설치

주택을 지으면서 거실 앞으로 흔히 말하는 데크라는 것을 만드는데 이것을 정확히 말하면 집이라는 구조물의 앞쪽에 있는 난간이 있는 공간이다. 여기에도 몇 가지 알아두면 도움이 될 만한 것이 있다.

지반 다지기를 통하여 단단하게 지반을 만들어도 집을 지으면 집의 무게로 인하여 약간 내려앉는 것이 일반적이며, 이것을 '자리 잡는다' 라고들 표현한다. 그래서 집을 지을 때 동시에 데크를 설치하면 어떻게 될까? 집이 자리를 잡는 동안 거기에 매달아 놓은 데크는 뒤틀림과 같은 변형이 오게 된다. 주택 완공 후 얼마 지나지 않아 흉물이 될 수 있다. 그래서 데크가 자리잡을 공간에 콘크리트 타설을 하고 데크를 설치하기도 하는데 이것 역시 콘크리트의 무게로 인해 나중에 땅과 콘크리트 사이에 공간이 생겨 오히려 작업하기 까다로운 되메우기 공사를 해야 한다.

결론은 데크는 나중에 설치하라는 얘기이다. 집이 어느 정도 자리를 잡은 후에 설치를 하는 것이 변형과 현관 계단과의 조화 등 여러 이로운 점이 많다.

또한 일반적으로 해가 많이 드는 쪽으로 데크를 설치하는데 너무 크게 해놓으면 오히려 잡동사니 보관 장소 또는 빨래 건조 장소로 지저분해진다. 그리고 우리가 계곡이나 산에 가서 음식을 먹을 때 나무 그늘 아래로 들어가는 것처럼 아무리 파라솔을 쳐도 햇볕이 쨍쨍한 데크 위에서의 삼겹살 파티는 어지간한 인내심이 아니고는 힘이 든다. 정리하면, 전면 데크를 적당한 크기로 하고 나머지 비용으로 집의 측면 중 부엌과 가깝고 중문을 통하여 부엌과 출입이 용이한 곳에 작은 바비큐 전용 데크를 만들면 훨씬 쓰임새가 많다.

07
돈도 벌고, 전원 생활도 만끽

"잘 계셨는가?"(대기업에 다니다가 회사를 그만두고 1년 전 귀촌한 손님)

"아이고 사장님! 오랜만입니다."

"사장은 무슨 나 백수야!"

"어떻게 지내세요?"

"시골에 있으니 공기도 좋고 경치도 좋고 다 좋은데 할 일이 없어…. 심심해."

"거기다 쥐꼬리만한 연금받아 생활하니까 좀 그래. 농사를 아는 것도 아니고…"

"거기 사과로 유명하지 않아요?"

"우리집 뒤에도 다 과수원이지."

"혹시 집 지을 때 지하를 파셨나요?"

"아니, 요즘 전원 주택에 누가 지하를 파!"
"지하를 파서 저온창고를 만들었다면 용돈도 벌고 좋았을텐데요."

주변에 과수원이나 농산물을 보관해야 할 창고의 필요성이 높은 지역에 저온창고 시설을 만들어 고된 일을 하지 않고도 짭짤한 수익을 올릴 수 있다. 대부분의 수확물은 농협이나 전문적인 대형 창고에 보관을 하지만 수확물 중 일부분을 도시의 가족이나 본인들이 소비하기 위해서 보관을 하는데 대부분의 농가는 이러한 장기보관 시설이 없다. 그래서 동네 주민들의 수확물을 보관하여 소정의 보관비를 받을 수 있고 주민들과의 교류에도 많은 도움이 된다. 여기서 알아두어야 할 것은 수익이라고 해서 대단지의 규모나 비용 투자가 많은 전문화된 곳에서 나오는 큰 금액이라고 생각하면 오산이다. 전원 생활을 하면서 생활비에 보태 쓰는 정도의 보람으로 생각하는 것이 맞다.

위의 사례에서 알 수 있듯이 전원 주택을 지을시 부지 선정 과정에서 미리 시장 조사를 하는 것이 좋다. 다만 욕심을 부려 과도한 시설 투자나 필요 이상의 토지 매입을 하지 않는 것이 좋다. 어디까지나 전원 생활을 하면서 수익을 내는 틈새 시장으로써의 컨셉이라는 점을 잊지 말아야 한다.

"여기 전망 좋고 깨끗한 전원 주택 임대 나온거 있어?" (수도권에서 중소기업을 경영하는 손님)
"갑자기 전원 주택은 왜요?"
"음. 바이어들 때문이지."
"아침, 저녁으로 서울의 호텔로 왔다갔다 힘들어서 그래. 오가는 시간도 그렇고 너무 불편해."

"하나 있기는 있는데, 보증금이 2억 5천 정도가 되는데… 괜찮으세요?"

"부담이 되기는 하는데 어차피 나중에 보증금은 찾을 수가 있으니깐…. 일단 집을 보자고."

결국 중소기업 사장은 집을 얻어 바이어를 위한 게스트하우스와 직원들의 세미나 및 문화 공간으로 활용했다. 바이어의 반응도 상당히 좋았고, 서울 호텔 대비 비용과 시간도 절약하는 효과를 보았다. 그리고 임대 기간이 완료된 후 회사 옆에 직접 게스트하우스를 건축하였다. 전원 주택을 활용한 틈새시장을 볼 수 있는 대목이다. 수도권의 기업들은 바이어들을 저녁에는 서울의 호텔로 모셔 드리고, 아침에 다시 회사로 모셔오는 수고를 하기도 한다.

이처럼 게스트하우스를 만들어 1개층 정도를 침실과 미팅 공간, BAR 등으로 꾸미고 인터넷을 편하게 사용할 수 있도록 한다면 분명 수요가 있을 것이다. 특히 바이어들은 고급 호텔도 좋아하지만 방문한 나라의 개성이 묻어있는 특색있는 숙소를 선호한다. 해당 지역의 수출과 관련한 중소기업에 문의를 해보면 답이 나올 것이다. 이러한 정보 역시 해당 지자체의 홈페이지를 이용하면 얻을 수 있다.

또는 3층의 전원 주택을 지어서 1층은 직접 거주하고, 2층은 숙소로 3층은 작은 무대가 있는 와인바와 바비큐 등을 조리하는 연회장으로 꾸밀 수가 있다. 만일 3층에서 강이나 호수가 보이고 승용차로 30분이내 거리에 관광지나 골프장이 있다면 더욱 좋을 것이다. 외국인들은 비싼 업소에서의 식사나 술 접대보다는 나만의 공간에서 개성있는 접대를 더 좋아한다고 한다. 바이어들의 경우 세계 각지를 돌아다니며 유명 호텔에서의 경험이 많기에 일률적인 호텔보다는 뭔가 추억할만한 장소가 소중한 기억으로 남게 될 것이다. 만약 경제적인 여유와 전망이 좋은 전원 주택을 생각한다면 고급 게스트하우스도 생각해 볼 필요가 있다.

위의 사례 이외에도 전원 주택을 활용하여 수익을 올릴 수 있는 몇 가지 방법을 알아보자. 이런 방법이 절대적인 것은 아니지만 여러분이 해당 지역의 전반적인 사항과 특징을 파악한다면 분명히 틈새시장을 발견할 수 있을 것이다.

잔디 마당에 텐트를 칠 수 있도록 하고, 욕실과 부엌을 이용할 수 있도록 개방한다. 그리고 텃밭의 야채를 마음껏 사용하게 하고, 과일을 경작하는 농가와 협력해서 제철 과일을 수확하는 체험을 병행한다면 괜찮은 아이템이 될 것이다. 그리고 텃밭을 분양만 하는 것이 아니라 관리와 경작까지하면서 직접 가꾸어 수확물을 도시의 텃밭 분양자에게 택배로 보내주는 것도 시도해 볼 만하다. 인터넷을 이용하여 작물이 자라는 현장을 사진으로 올리면 도시민들이 즐거워할 것이다.

또 노령화 시대를 대비하여 전원 주택의 일부분을 노인들이 쉴 수 있는 공간으로 꾸며도 좋다. 자녀들이 부모님을 모시고 여행을 다닐 때 가장 중요하게 생각하는 것이 '잠자리'라고 한다. 이런 점을 활용해 부모님들이 편안하고 안전하게 쉴 수 있는 공간을 창조하는 것이다. 황토를 이용하여 3~5인용의 찜질방을 마당에 설치한 후 전통 방식인 아궁이에 온돌을 데우는 방식으로 만들면 여행에 지친 피로를 씻는데 도움이 될 수 있다. 여기에 해당 지역 한의원과 연계하여 건강 체크와 함께 지역의 특산물을 맛볼 수 있게 한다면 색다른 컨셉이 될 것이다.

　마지막으로 늘어나는 각종 동호인들을 위한 전문화된 숙박도 고려해 볼 만하다. 음악, 댄스, 사진, 미술, 자전거, 술, 공예, 애견 등 이러한 동호인들의 요구사항을 파악하여 거기에 맞는 구조로 아담하게 꾸민다면 특색있는 전원 주택이 될 것이다. 알다시피 동호인들의 입소문은 그 어떤 홍보 못지 않게 파워가 있다.

　얼마 전까지 거주용 주택과 민박을 겸하는 일명 미니 펜션을 곁들인 전원 단지가 유행했고 최근에는 거주겸 게스트하우스가 대세이다. 사실 지금도 풍광이 좋고, 자가용으로 15~20분 거리 내외의 주변 관광지를 배후로 가지고 있거나 도심과의 접근성이 좋은 나들목 부근의 전원 주택은 펜션 용도로 활용가치가 충분히 높다. 하지만 우리나라의 특성상 뭐하나 잘되면 우르르 몰리는 쏠림 현상 때문인지 지금은 많이 시들해진 상황이다. 여기에 펜션 영업에 대한 경험과 지식없이 투자를 한 경우 주택도 아니고 수익형 부동산도 아닌 애물단지로 전락한 곳이 생각보다 많다. 왜냐하면 초기에는 컨셉만으로도 훌륭하게 유지가 가능했지만 시간이 지나면서 기존의 전문 펜션업체와 차별화하지 못했기 때문이다.

08
전원 주택의 겨울

단독 및 전원 주택(개별난방)의 임차나 구입시 물건이 마음에 드는 경우 부동산 사장들에게 공통적으로 질문하는 내용이 있다.

"사장님 겨울에 난방비는 어느 정도 나오나요?"
"뭐~대충 얼마나 쓰느냐에 따라 틀린데 아파트 관리비 생각하면 크게 차이는 없다고 봐야죠."

틀린 말은 아니다. 하지만 단독 및 전원 주택(개별난방)의 경우 수도권 외곽인 경우가 많고, 겨울이라고 해서 한겨울에만 난방을 하는 것이 아니라 10월부터 추워져 3월까지 1년 중 6개월은 겨울이라고 봐야 한다. 살아보지 않아 제대로 모르는 부동산 사장이거나 솔직하게 말해주지 않는 부동산 사장들을 믿어서는 안된다. 왜냐하면 전원 주택에 들어갔다가 난방비가 무서워 이사간다는 경우가 많기 때문이다. 필자가 그동안 단독 및 전원 주택(개별난방)을 임대, 매매하면서 얻었던 보일러 관련 정보를 알려드리고자 한다.

화목 보일러(쉬는 날 쉬지도 못하는 나뭇꾼)

말 그대로 나무를 때서 난방과 온수에 사용을 하는 것이다. 유명한 보일러 회사 등 다양한 제품이 있으며, 가격은 200~350만 원 정도이다. 무게가 많이 나가고 부자재가 많이 들기에 설치비로 60~100만 원이 발생한다. 거주지 주변에 간벌한 곳이 있어서 직접 발품을 팔아 나무를 주워 난방비를 줄일 수 있다. 다른 보일러처럼 연료만 채우고 스위치 조작으로 끝나는 것이 아니기 때문에 매우 부지런하게 움직여야 한다.(건강만큼은 좋아지겠죠)

일주일에 한 번 정도는 연소실 내의 재를 청소해야 하며, 한달에 한 번은 연통 청소까지 필요한 보일러이다. 또한 이 보일러 특징상 보일러 주변의 환경 정리가 필요하다. 나무가 탈 때 날리는 불씨에 의해 화재가 발생할 수 있고, 땔감을 장기간 보관할 장소도 필요하다. 나무를 구하기가 힘들면 장작을 꾸러미로 파는 제품을 구입해야 하는데 비교적 비싼 편이다. 결국 직접 줍지 않고 전부 구입해야 한다면 저렴한 연료비와는 거리가 멀어지니 유의해야 할 제품이다. 한겨울에 군고구마의 운치로 모든 것을 극복할 수 있다면 꽤나 매력적인 보일러다. 화목 보일러를 쓰는 주택의 대부분은 나무를 구하지 못했을 경우를 대비해 기름 보일러와 연동하여 사용한다.

지열 보일러(주택 난방의 다크호스)

땅속의 지열을 이용하여 냉난방을 하는 보일러다. 먼저 땅속에 깊이

150~200m 정도의 구멍을 뚫어 그 곳에서 나오는 열에너지를 열교환기(히트펌프)를 통하여 물을 데워 사용한다. 과거에는 펌프를 전기로 계속 돌려야 해서 비싼 전기료가 문제였지만 지금은 각 가정에 5kw의 전기를 정부에서 보조하므로 전기료 부담은 다소 줄어들었다. 하지만 초기 설치비가 많이 드는 단점이 있어 정부에서 1,300만 원 정도를 지원을 받아도 자부담 비용이 1,000~1,500만 원이나 든다. 겨울 기준 월 난방비는 면적에 따라 다르지만 12~20만 원 사이로 도시가스 요금보다 50%이상 저렴하다. 설치 후 5~6년 정도면 설치비가 회수되지만 여전히 초기 설치 비용이 부담이다. 그리고 여름에는 지하의 시원한 공기를 주택에 순환시켜서 별다른 비용없이 쾌적한 냉방을 가능하게 한다. 자세한 사항은 에너지관리공단에서 시행하는 '그린홈 100만 가구 설치' 홈페이지를 방문하면 많은 정보를 얻을 수 있다.

심야 전기 보일러

심야의 저렴한 전기로 물을 데워서 주간에 난방과 온수로 이용한다. 그런데 2010년 기준으로 심야 전기의 설치가 종료되었다. 과거 전기값이 저렴했을 때에는 도시가스보다 적은 비용으로 이용이 가능했으나 전기료가 올라간 지금은 도시가스와 비슷하거나 경우에 따라서는 비용이 더 나오기도 한다. 지금도 도시가스가 설치되지 않은 지역의 전원 주택에 가장 많이 설치되어 있다. 기름이나 LPG 보일러에 비하면 저렴하다고 볼 수 있다.

기름 보일러

아직도 많이 사용하고 있는 보일러이다. 특히 심야 전기 보일러의 허가가 종료된 후 도시가스 미설치 지역 대부분의 신축 주택이 기름 보일러를 설치했다. 기름값을 생각하면 답은 나온 것이라 생각한다.

LPG 보일러

기름이나 도시가스와 큰 차이가 없지만 가스의 보관 용기에 따라 난방비의 차이가 발생한다. 주기적으로 충전 차량이 방문하여 가스를 충전하고, 보통 취사용으로 쓰는 40~80kg 용기 두 개를 연결하여 취사와 난방에 쓰는 경우가 있는데 이런 경우에는 연료비가 천정부지로 치솟는다. 별도 대용량 용기를 설치해도 도시가스 요금보다 조금 더 나온다. 이 보일러의 특성상 용기의 가스가 적어지면 압력의 저하로 인하여 불꽃이 약해지며 난방의 효율성이 떨어질 수 있다.

태양열 난방 보일러

태양광하고 혼동이 되기도 하는데 태양광은 지붕이나 마당에 설치한 집열판이 열에너지를 화학작용을 일으켜 전기를 생산하는 것이다. 태양광에서 생산된 에너지만으로 난방을 하기에는 힘들며, 전기요금 절약이나 온수의 사용에 유리하다. 태양열과 태양광 설치 모두 정부에서 50% 정도의 경비를 지원하고 있으며, 지자체에 따라서는 추가지원이 있는 곳도 있다. 설치 비용은 지열 보일러 정도라고 보면 된다. 태양열 난방의 특성상 집열판을 많이 설치할수록 난방의 면적은 늘어나지만 비용 또한 그만큼 늘어난다. 봄, 가을에는 난방비가 거의 들지 않는다고 보면 되지만 겨울에는 보조 보일러를 가동해야 한다. 예를 들어 한겨울에 기름 보일러를 보조 보일러로 연동하여 사용할 경우 30% 정도의 난방비 절약 효과가 있다고 한다. 아직까지는 기술적인 한계로 인하여 충분한 열량이 확보되지 않고 있다.